Documento de Trabajo
Serie Unión Europea y Relaciones
Internacionales
Número 151/ 2025

La retórica de Ursula von der Leyen en tiempos de liderazgo femenino en la Unión Europea

Natalia Sanz Fernández

El Real Instituto Universitario de Estudios Europeos de la Universidad CEU San Pablo, Centro Europeo de Excelencia Jean Monnet, es un centro de investigación especializado en la integración europea y otros aspectos de las relaciones internacionales.

Los documentos de trabajo dan a conocer los proyectos de investigación originales realizados por los investigadores asociados del Instituto Universitario en los ámbitos histórico-cultural, jurídico-político y socioeconómico de la Unión Europea.

Las opiniones y juicios de los autores no son necesariamente compartidos por el Real Instituto Universitario de Estudios Europeos.

Los documentos de trabajo están también disponibles en: www.idee.ceu.es

Serie *Unión Europea y Relaciones Internacionales* de documentos de trabajo del Real Instituto Universitario de Estudios Europeos

La retórica de Ursula von der Leyen en tiempos de liderazgo femenino en la Unión Europea

CEU *Ediciones*
Julián Romea 18, 28003 Madrid
Teléfono: 91 514 05 73
Correo electrónico: ceuediciones@ceu.es
www.ceuediciones.es

Real Instituto Universitario de Estudios Europeos
Avda. del Valle 21, 28003 Madrid
www.idee.ceu.es

ISBN: 978-84-19976-64-2
Depósito legal: M-5405-2025

Maquetación:

Índice

AGRADECIMIENTOS 5

1. INTRODUCCIÓN 7

    1.1. Motivación personal y profesional 7

    1.2. Objeto de estudio o fenómeno 8

    1.3. Justificación 8

    1.4. Hipótesis 8

    1.5. Objetivo general 9

    1.6. Objetivos específicos 9

    1.7. Preguntas de investigación 9

2. MARCO TEÓRICO Y ESTADO DE LA CUESTIÓN 10

    2.1. Aproximación a los conceptos de "liderazgo" y "líder" 10

        2.1.1. Marcos de referencia a la hora de construir el liderazgo político 11

        2.1.2. Liderazgo femenino: mandato de género y doble vínculo 12

    2.2. Comunicación política: retórica, discurso y lenguaje 15

        2.2.1.Feminización de la comunicación política: características del estilo retórico femenino.............. 16

    2.3. El liderazgo político en las instituciones europeas.. 18

        2.3.1. La Comisión Europea como centro de la investigación sobre el liderazgo 19

        2.3.2. El caso de Ursula von der Leyen como Presidenta de la Comisión Europea 20

3. MARCO METODOLÓGICO 22

4. DESARROLLO DE LA INVESTIGACIÓN 23

    4.1. Primer discurso sobre el Estado de la Unión 2020.. 23

        4.1.1.Análisis de las características del estilo retórico femenino 23

        4.1.2. Análisis de los conceptos de poder blando y duro de Joseph Nye 25

        4.1.3. Análisis de los conceptos de rol estilístico y político de Dan Nimmo y Robert Savage................ 27

4.2. Cuarto discurso sobre el Estado de la Unión 2023 28

    4.2.1. Análisis de las características del estilo retórico femenino 28

    4.2.2. Análisis de los conceptos de poder blando y duro de Joseph Nye 30

    4.2.3. Análisis de los conceptos de rol estilístico y político de Dan Nimmo y Robert Savage 31

CONCLUSIONES 33

REFERENCIAS BIBLIOGRÁFICAS 35

Agradecimientos

A mi madre y a mi hermano, por no soltarme de la mano y permanecer a mi lado siempre.

A Björn.

"Necesito escribir mis observaciones. Incluso las más pequeñas: son las más importantes".

Tove Jansson, *Art in Nature*, 1978

"Si nos detenemos demasiado cerca, no podemos ver las cumbres.
Si nos alejamos de las corrientes de la vida, podremos tener una visión completa".

Nguyên Phan Quê Mai, *El Canto de las Montañas*, 2021

1. Introducción

1.1. Motivación personal y profesional

La idea del presente Trabajo Fin de Máster surge a partir de mi experiencia en la asignatura de *Información y Comunicación Política*, la cual estudié como optativa en tercer año de la carrera de Periodismo. Durante este curso, tuve la oportunidad de conocer en profundidad diferentes estrategias comunicativas y argumentales, así como su aplicación en el ámbito político, centrándonos principalmente en figuras políticas a nivel nacional, europeo, de Estados Unidos y de América Latina. Sin embargo, al concluir la asignatura, me di cuenta de que el plan académico había ignorado una perspectiva: la comunicación política dentro de las Instituciones europeas.

Este aspecto me llevó a reflexionar sobre la importancia de comprender de qué manera se llevan a cabo las estrategias de comunicación política en las Instituciones la Unión Europea (UE), y de cómo difieren de las prácticas observadas en otras regiones del mundo. Por tanto, me pregunto a raíz de mi experiencia: ¿por qué se presta menos atención a la comunicación política en las Instituciones en comparación con otros contextos políticos? ¿Se da por sentado su estrategia o simplemente se desconoce? ¿Qué elementos podrían estar contribuyendo a esta falta de atención o énfasis en el estudio de la comunicación política? En definitiva, ¿cómo comunican los líderes políticos desde la Unión Europea?

Como profesional de la información, considero fundamental que la labor periodística y de investigación vaya más allá y no se quede estancada en las mismas figuras de los países más destacados desde el punto de vista de la geopolítica. Asimismo, resulta crucial comprender cómo comunican los políticos desde las Instituciones de la UE para que podamos informar de manera correcta y contextualizada acerca del funcionamiento y de la toma de decisiones de una organización internacional cuyas acciones afectan directamente a nosotros como ciudadanos de un Estado miembro.

En relación, se debe tener en cuenta el desconocimiento popular que existe todavía, al menos en España, en torno a la Unión y de cómo tenemos el deber y la responsabilidad de acercar esta organización a los ciudadanos como periodistas: aproximadamente la mitad de la población española considera que no entiende o entiende a medias cómo funciona la Unión, de acuerdo con los datos revelados por la 43º Oleada Barómetro del Real Instituto Elcano, publicado en abril de 2023 y con un tamaño muestral de 1000 entrevistas a individuos de entre 18 y 80 años[1].

Volviendo a la línea de la comunicación política, cabe destacar también la importancia que el liderazgo femenino ha experimentado y está experimentando en estos últimos años de la mano de figuras como Angela Merkel, no solo en Alemania sino también dentro de la propia UE, Sanna Marin en Finlandia como la primera ministra más joven del mundo o incluso Roberta Metsola como la tercera mujer Presidente del Parlamento Europeo. Asimismo, conviene tener en cuenta uno de los aspectos que han sido fundamentales para el ascenso y consolidación del liderazgo de estas mujeres, construyendo así un sólido perfil de reconocimiento en torno a ellas: la retórica.

Por ello, el presente Trabajo tiene como propósito abordar el liderazgo femenino y su construcción, así como la feminización de la política a través de la retórica y la tradición discursiva, dos aspectos que, como periodista, son necesarios entender para nuestra contribución a una representación más igualitaria y diversa, no solo en la comunicación política, sino también en los medios de comunicación.

---

1   González, C., y Martínez, J. P. (2023). *Barómetro del Real Instituto Elcano. Resultados de febrero-marzo de 2023*, 43ª oleada. Real Instituto Elcano. https://www.realinstitutoelcano.org/encuestas/43-oleada-brie-abril-2023/

1.2. Objeto de estudio o fenómeno

Para el análisis del liderazgo femenino y su construcción, se ha escogido como objeto de estudio de este Trabajo Fin de Máster a la figura política de la actual Presidenta de la Comisión Europea: Ursula von der Leyen. Su elección como objeto de estudio resulta de interés por tres cuestiones especialmente:

1. Es la primera mujer Presidente de la Comisión Europea tras su fundación, cuyo cargo coincide también con el de Roberta Metsola, convirtiéndose así en dos mujeres que, por primera vez, presiden dos de las principales Instituciones de la Unión: la Comisión y el Parlamento Europeo respectivamente.

2. Su primer mandato finalizará en octubre de 2024, después de la celebración de las siguientes elecciones europeas unos meses antes: del 6 al 9 de junio.

3. Su mandato ha sido y está siendo por tiempos de crisis: la pandemia de la COVID-19, las polémicas generadas por los fondos *NextGenerationEU*, la crisis climática, la defensa del Estado de Derecho, la invasión de Rusia a Ucrania, el planteamiento de una futura ampliación de la UE, con sus correspondientes reformas internas, o las recientes protestas del sector agrícola.

1.3. Justificación

El principal motivo de elaboración de este Trabajo Fin de Máster radica en la falta de investigaciones y estudios académicos relacionados con el análisis del mandato de Ursula von der Leyen a través de su estilo retórico, poniendo el foco en sus discursos sobre el Estado de la Unión (SOTEU), convirtiéndose así en un trabajo novedoso que pueda ayudar no solo a comprender la acción política de la presidenta de la Comisión, sino también a servir como contribución en el ámbito académico de la comunicación política y liderazgo femenino.

Además, Von der Leyen se ha convertido en una de las pocas mujeres que ha ocupado una de las más altas posiciones institucionales de la Unión Europea, después de que lo hicieran también las francesas Simone Veil y Nicole Fontaine y, ahora, la maltesa Roberta Metsola como presidentas del Parlamento Europeo, así como la francesa Christine Lagarde como presidenta del Banco Central Europeo (BCE), por lo que estudiar su estilo retórico puede ayudar a comprender cómo las líderes femeninas hacen uso de la comunicación para ejercer el poder y liderar en un entorno que, por tradición, ha sido predominantemente masculino.

Por último, el tema elegido resulta de inmediata actualidad ya que von der Leyen mostró su interés de revalidar un segundo mandato de otros cinco años el pasado 19 de febrero. De esta manera, confirmó también su postulación como la opción de su grupo político –el Grupo del Partido Popular Europeo (EPP)– para liderar de nuevo el órgano ejecutivo de la Unión, cuyo respaldo obtuvo en marzo del presente año. Ahora, es conocido que Von der Leyen asumirá su segundo mandato previsiblemente entre noviembre y diciembre de 2024 y gobernará hasta 2029, habiendo sido reelegida en julio de 2024 como Presidenta de la Comisión Europea con 401 votos de 720, gracias a un pacto tripartito entre Populares (EPP), Socialistas (S&D) y Liberales (*Renew Europe*).

1.4. Hipótesis

La hipótesis de partida de este Trabajo Fin de Máster considera que Ursula von der Leyen no cumple con las características propias asociadas con el estilo retórico femenino en los discursos sobre el Estado de la Unión.

Asimismo, se plantea una hipótesis secundaria que considera que la presidenta de la Comisión no solo desempeña un rol estilístico y político, según lo propuesto por Dan Nimmo y Robert Savage, sino que también incorpora los conceptos teóricos de poder blando y duro propuestos por el profesor estadounidense Joseph Nye.

1.5. Objetivo general

El objetivo general del presente Trabajo Fin de Máster es estudiar el estilo retórico de una de las figuras políticas más destacadas de la Unión Europea en estos últimos años, la líder Ursula von der Leyen como objeto de estudio, con la finalidad de profundizar en el conocimiento de su mandato a través de la perspectiva discursiva y así obtener una visión diferente y más amplia sobre su liderazgo e impacto en la esfera política e institucional de la actual UE.

1.6. Objetivos específicos

La realización de este objetivo general implica la consecución de los siguientes objetivos específicos:

1. Observar el impacto social de los discursos sobre el Estado de la Unión de la presidenta de la Comisión a través del lenguaje.

2. Examinar la intención comunicativa implícita de los discursos sobre el Estado de la Unión mediante el análisis lingüístico de los propios discursos.

3. Analizar las características del discurso político mediante una comparación entre el liderazgo femenino y masculino.

4. Estudiar las características del discurso político mediante una comparación entre el estilo retórico femenino y masculino.

1.7. Preguntas de investigación

Para la formalización de los objetivos anteriormente planteados se proponen los siguientes interrogantes, que podrían ser contestados tras la consecución de la investigación del presente Trabajo:

1. ¿Qué diferencias existen entre el liderazgo asociativo femenino y el liderazgo asociativo masculino?

2. ¿Cómo influye un tipo de liderazgo u otro a la hora de la construcción del discurso?

3. ¿Qué tipo de liderazgo es adoptado por la presidenta de la Comisión?

4. ¿Qué características propias del estilo retórico femenino se encuentran en los discursos pronunciados por Ursula von der Leyen?

5. ¿Qué poderes políticos confluyen en el liderazgo de von der Leyen?

2. Marco teórico y estado de la cuestión

2.1. Aproximación a los conceptos de "liderazgo" y "líder"

El liderazgo es un concepto complejo y multifacético que integra aspectos psicológicos y sociales, que combina la subjetividad individual y la objetividad del entorno organizacional y estructural y que está intrínsecamente ligado al contexto en el que se desarrolla. Por su parte, la dinámica de liderazgo de un grupo u organización se ve influenciado por las circunstancias económicas, culturales o sociales, las cuales cambian o se adaptan al desarrollo de este fenómeno a través de un proceso complejo de interacción entre el "líder" y los "seguidores". Dadas estas características, los conceptos de "liderazgo" y "líder" resultan difícil de definir de una manera precisa, teniendo en cuenta, además, las diversas ciencias sociales que han interpretado sus características y su naturaleza.

Esta peculiaridad de que no exista una definición clara y universal aceptada de ambos términos, fundamentales en el discurso y teoría social, radica en que el liderazgo en sí mismo no es un concepto estático ni unidimensional, sino que abarca una serie de aspectos interrelacionados que varían según el contexto en el que se manifiesta. Pero, autores como Zalles (2011) califican esta condición de "preocupante":

> Se escribe y se habla mucho acerca de la necesidad de liderazgo, la crisis de liderazgo, la carencia de liderazgo. Se ensalza a éste o a aquél, muy distintos el uno del otro, como "grandes líderes" y, sin embargo, no tenemos niveles significativos de coincidencia entre todos nosotros respecto de qué queremos decir con los términos "liderazgo" y "líder". Y, en consecuencia, tampoco tenemos mayores coincidencias respecto de qué es lo que nos hace falta, ni de qué podemos hacer para remediar la situación y resolver la así llamada "crisis" (Zalles, 2011, p. 2).

Como primera aproximación teórica, autores como Labourdette y Scaricabarozzi (2010) explican que el "liderazgo" es un concepto que hace referencia normalmente a los efectos provocados por el líder en diferentes aspectos sociales. Desde las relaciones familiares, amistosas o de noviazgo hasta las dinámicas entre instituciones o asociaciones y organizaciones económicas, políticas, etc., la capacidad de liderar de un individuo o grupo influye de diversas maneras en la conducta de otros, lo que hace que el liderazgo sea un fenómeno recurrente en estos aspectos y uno de los más difundidos en la sociedad. En este sentido, resulta útil ofrecer una definición aproximada de la figura del "líder". Para Gómez (2008), un líder puede ser cualquier persona, sin importar su posición jerárquica, puede desempeñar el papel de líder al promover el trabajo en equipo, interactuar, estimular e influir en sus seguidores con el fin de alcanzar las metas y los objetivos compartidos.

En otras palabras, un líder es aquel individuo que, dentro de un grupo, posee la capacidad de influir en el reparto de decisiones estratégicas, expectativas o valores y que puede también desencadenar cambios significativos en la dirección de los eventos. Asimismo, representa la identidad del grupo tanto externa como internamente. Por otro lado, el psicólogo Daniel Goleman (1999, p.1) asegura que "únicamente pueden ser líderes efectivos aquellos que tienen 'inteligencia emocional', es decir, la capacidad para captar las emociones del grupo y conducirlas hacia un resultado positivo", reuniendo en total cinco componentes: autoconciencia, autocontrol, motivación al logro, empatía y habilidades sociales. Mientras, Covey (2005) considera que, para que un líder actúe con eficacia, es necesario que tenga influencia en base a cuatro roles: modelar, encontrar el camino, facultamiento y alineamiento.

No obstante, debido a las dimensiones y al objeto de estudio del presente Trabajo Fin de Máster, se prestará atención a la definición de "líder" de acuerdo a aquel individuo que ocupa un cargo de alto nivel como la presidenta de la Comisión Europea, Ursula von der Leyen. Para ello, se atenderá a la noción básica del concepto de "líder" de Morris y Seeman (1950) la cual gira en torno a la creencia de que un líder puede ser un presidente o un general, es decir, aquel individuo que ocupa la posición de líder. Dando una definición más completa, ambos autores denominan al líder como aquel "individuo que ejerce más influencia (o influencia más importante) que otro miembro cualquiera; o al individuo designado líder por el grupo; o al individuo que ejerce mayor influencia en la definición o realización de los objetivos del grupo". (Morris y Seeman, 1950, p. 152).

Siguiendo esta idea, se podría inferir que una persona no puede ser considerada líder hasta que no haya demostrado su habilidad para cambiar el curso del grupo ejerciendo una influencia significativa sobre el mismo. Así, ambos autores (1950) señalan que la identificación del líder es un aspecto esencial en la investigación sobre el liderazgo, especialmente porque en la cultura norteamericana, centro de estudio de la comunicación política y liderazgo, está comúnmente aceptado atribuir esta condición a aquel que ocupa un cargo importante o de alto nivel.

2.1.1. Marcos de referencia a la hora de construir el liderazgo político

Durante décadas, la política ha sido moldeada por la percepción pública. Una condición que ha sido estudiada por académicos como Tajfel (1981) o Cuesta (2000), quienes han reflexionado sobre la percepción, no como mera observación, sino como interpretación selectiva influenciada por prejuicios, valores y estereotipos. Estos elementos cognitivos actúan como etiquetas que son filtradas y aplicadas a la realidad política, creando marcos a través del cual dicha realidad es comprendida. Estos marcos son conocidos como marcos de referencia y se definen como:

> Estructuras mentales que conforman nuestro modo de ver el mundo. Como consecuencia de ello, conforman las metas que nos proponemos, los planes que hacemos, nuestra manera de actuar y aquello que cuenta como el resultado bueno o malo de nuestras acciones. En política, nuestros marcos conforman nuestras políticas sociales y las instituciones que creamos para llevar a cabo dichas políticas. Cambiar nuestros marcos es cambiar todo esto. El cambio de marco es cambio social (Lackoff, 2007, p. 1)

Así, los marcos de referencia determinan la manera que tiene cada persona de percibir y/o interpretar la realidad. Lackoff (2007) lo razona explicando que estos marcos forman parte de lo que se conoce como 'inconsciente cognitivo', es decir, "estructuras de nuestro cerebro a las que no podemos acceder conscientemente, pero que conocemos por sus consecuencias: nuestro modo de razonar y lo que se entiende por sentido común" (Lackoff, 2007, p. 1), por lo que no pueden verse ni oírse, pero se pueden influir en ellos mediante el uso del lenguaje, el discurso y las imágenes.

En esta línea, los líderes políticos compiten entre sí para construir un marco de referencia por el cual quieren ser percibidos. Para ello, los líderes utilizan estratégicamente los prejuicios y estereotipos existentes en la sociedad y el discurso en su sentido más amplio, es decir, no solo emplear palabras habladas y escritas, sino también comunicar a través del lenguaje corporal o el espacio físico. De este modo, enmarcan sus mensajes de manera que influyen significativamente en la opinión pública y la moldean a su favor.

Por su parte, la construcción del marco de referencia de los líderes políticos está estrechamente relacionada con su pertenencia a un modelo de liderazgo o a un estilo político específico. En otras palabras, cada líder político tiene un conjunto único de valores, creencias y enfoques que guían su comportamiento y comunicación con el público, elementos que ayudan a conformar su estilo de liderazgo y definir su papel en el ámbito político.

Por ejemplo, Serge Moscovici (1993), reconocido autor de la psicología social experimental europea, distingue entre líderes 'mosaico' y líderes 'totémicos'. De acuerdo con Moscovici (1993), los líderes 'mosaico' persiguen la conexión de las masas con una idea que trasciende de su propia persona. Su objetivo primordial es minimizar las manifestaciones externas de poder, optando por una autoridad discreta, moderna y humilde. Estos líderes se comprometen completamente con la causa e idea que representan, relegando sus propias intereses a un segundo plano. Su enfoque se centra en contrarrestar la influencia del "hombre grande", evitando que otros se sientan tentados a imitarlos y a adoptar su visión particular de la realidad. Así, estos líderes son ejemplificados por figuras históricas como Mahoma o Gandhi (D'Alessandro, 2006).

En cambio, los líderes 'totémicos' se esfuerzan por cultivar un culto a la personalidad, resaltando sus cualidades excepcionales y proyectando una imagen de omnipotencia e infalibilidad sobre sus acciones. Pretenden ser vistos como designados por alguna entidad superior, ya sea Dios, la naturaleza o la propia historia. Su objetivo es crear una narrativa mitificada alrededor de su figura y la idea que representan, utilizando metáforas extraídas de las tradiciones y formas de pensamiento arraigadas a la cultura. A diferencia de los líderes 'mosaico', para quienes lo crucial radica en el contenido de las ideas y no en la forma de expresarlas, los líderes 'totémicos' priorizan el fomento del culto a su propia personalidad buscan construir una imagen idealizada y simbólica que les otorgue un estatus especial y una autoridad casi divina (Moscovici, 1993, pp. 447-448, como se cita en Jesuíno, 1981, p. 410).

Así, los cambios sociales provocados por fenómenos como la globalización, democratización y la revolución de la información han transformado el paradigma del liderazgo y las relaciones internacionales contemporáneas desplazándolo desde un enfoque centrado en la gestión hacia otro basado en la influencia. En relación, cabe destacar la conceptualización del poder del autor estadounidense Joseph Nye, quien presenta una distinción entre dos formas de poder: el poder duro, relacionado con la capacidad de organización, de influir en la posición o comportamiento de otros mediante la coerción o incentivos tangibles, y el poder blando, que se fundamenta en la inteligencia emocional, habilidades comunicativas y la capacidad de ofrecer una perspectiva diferente y alternativa de la realidad a través de recursos intangibles como la atracción (Nye, 2011; Masullo, 2011).

En este caso, el planteamiento de Nye resulta especialmente interesante ya que considera las características del contexto histórico actual. Asimismo, esta idea coincide con una tendencia, influenciada por Estados Unidos, que cobra cada vez más importancia en la esfera política y que se conoce como rol estilístico y rol político en la construcción del liderazgo.

Siguiendo esta idea, los autores Dan Nimmo y Robert Savage (1976) exploraron el cambio de la percepción sobre los candidatos políticos durante las campañas electorales, centrándose en el concepto de rol, el cual implica la conducta que se espera de una persona en una posición específica. De esta manera, la sociedad tiene ciertas expectativas de comportamiento hacia estas figuras ya que esta idea de 'rol' influye en ellos directamente. Por ello, los equipos de campaña planifican cuidadosamente cómo presentar al candidato frente a los electores. (Orejuela, 2009).

Así, teniendo lo anterior en cuenta se pueden distinguir dos tipos de roles: el rol político y el rol estilístico. El primero de ellos se concentra en la habilidad del líder para gestionar eficazmente y representar a su respectivo partido, donde la experiencia y logros son fundamentales para su credibilidad. En cambio, el rol estilístico se enfoca en la capacidad del líder para comunicar y conectar con la gente, los medios de comunicación, transmitiendo de este modo cercanía y empatía u otras cualidades que lo definen como ser humano (Nimmo y Savage, 1976; Orejuela, 2009).

Por su parte, ambos roles son esenciales y reflejan los dos tipos de liderazgo que identifica el modelo o teoría de la contingencia del investigador austríaco Fred Fiedler (Barón, 1989). Estos dos tipos de liderazgo son el líder especializado en las relaciones sociales (rol estilístico) y el líder especializado en las tareas (rol político). Asimismo, el concepto de Nimmo y Savage, se puede relacionar a su vez con la conceptualización del poder de Nye en el sentido de que el poder duro se relaciona con el rol político y el líder especializado en las tareas, mientras que el poder blando está relacionado con el rol estilístico y el líder especializado en las relaciones sociales, aspectos fundamentales para la construcción de la imagen y efectividad de las figuras políticas.

2.1.2. Liderazgo femenino: mandato de género y doble vínculo

Los conceptos e ideas anteriormente definidas se han relacionado tradicionalmente con el liderazgo de los hombres. Sin embargo, hoy en día cada vez son más las mujeres que se postulan para cargos políticos en todo el mundo por lo que la elección de una mujer para un puesto de alto nivel ya no constituye en sí mismo una rareza. Además, este cambio en el paradigma muestra que las mujeres en posiciones políticas están ganando una mayor aceptación entre los electores (Carroll, 1985; Darcy, Welch y Clark, 1987; Vitale, 2016). Por ello, la distinción entre liderazgo masculino y femenino ha sido y sigue siendo tema de debate en el ámbito académico, especialmente a la hora de buscar roles de liderazgo. Sin embargo, conviene resaltar que, aunque muchas mujeres líderes han seguido un modelo de liderazgo femenino como Michelle Obama, otras como Margaret Thatcher han adoptado un modelo de liderazgo masculino, lo que sugiere que el género no determina directamente un estilo de liderazgo sobre otro (Martin, 2022).

Ahora bien, cuando una mujer está construyendo su liderazgo, es crucial que preste especial atención a lo que se conoce como "mandato de género", referente al rol o estereotipo femenino que se le asigna junto con una serie de valores asociados. Los autores D'Adamo, García-Beaudoux, Ferrari y Slavinsky (2008) abordan este tema respecto a los 'estereotipos de género', "rasgos que en abstracto se consideran 'propiamente femeninos' y que guían a la formación de ciertas expectativas en torno a la conducta esperada de las mujeres" (D'Adamo, García-Beaudoux, Ferrari y Slavinsky, 2008, p. 92):

> Los estereotipos de género se definen como un conjunto de creencias compartidas socialmente acerca de las características que poseen varones y mujeres, que se aplican de modo rígido, simplificado y generalizado a todos los miembros de uno de esos grupos. No es que las personas de cada género "sean" de ese modo, sino que lo que significa es que son así percibidas (D'Adamo, García-Beaudoux, Ferrari y Slavinsky, 2008, p. 92).

Entre los valores o ideas que se asignan al estereotipo femenino, cabe destacar la creencia de que las mujeres son débiles, dependientes, comprensivas, afectuosas, sensibles a las necesidades de los demás y preocupadas por mantener la cohesión grupal (Cuadrado, 2007). Por su parte, Helen Fischer (2000) habla de las mujeres como un colectivo que posee una gran variedad de habilidades y talentos particulares que despliegan para impulsar transformaciones significativas en la sociedad contemporánea. En otras palabras, "capacidades innatas femeninas":

> Las mujeres tienen facultades excepcionales generadas en la historia profunda: habilidad verbal; capacidad para interpretar posturas, gestos, expresiones faciales y otros signos no verbales; sensibilidad emocional; empatía; excelente sentido del tacto, del olfato y del oído; paciencia; capacidad para pensar y hacer varias cosas simultáneamente; una amplia visión contextual de las cuestiones; afición a hacer planes a largo plazo; talento para crear redes de contacto y para negociar; impulso maternal; y preferencia por cooperar, llegar a consensos y liderar sirviéndose de equipos igualitarios (Fischer, 2000, p.15).

Estas características coinciden con la descripción propuesta sobre el estilo de liderazgo femenino, lo que respalda la idea de dos modelos de liderazgo distintos: masculino y femenino. Para Karina Doña (2004), la visión del liderazgo femenino se asocia a la noción de que las mujeres no deben verse obligadas a elegir entre su carrera profesional y su vida familiar, como si fueran opciones mutuamente excluyentes. La clave, considera, radica en conseguir la conciliación entre ambos:

> Cuando se habla de Liderazgo Femenino se hace referencia a la idea de que las mujeres lideren a partir de su propia feminidad. Para ello es necesario centrar la discusión en dos cuestiones fundamentales. En primer lugar, reconocer que las mujeres poseen algunas características distintivas en relación a los varones y que por ello son propias y en segundo lugar, que estas características serían una fortaleza a la hora de dirigir una organización. Es decir, el Liderazgo Femenino no es otra cosa que la utilización de las características propias de las mujeres para ejercer el liderazgo al interior de las organizaciones, entendiendo que éstas son su principal fortaleza (Doña, 2004, párr. 1).

En cuanto a los hombres, Doña (2004) añade que los varones han sido educados en la búsqueda de metas y logros, en el deber de proveer y sostener a la familia, en la competencia con sus semejantes, así como en el afán por alcanzar el éxito en la esfera pública y política y escalar así posiciones. Estos roles se han visto reforzados por sus propias capacidades innatas que atribuye Fisher (2000) en su obra, siendo estos una notable comprensión de relaciones espaciales, destreza para resolver problemas mecánicos difíciles, capacidad para mantener la concentración y habilidad para gestionar un rango grande de emociones.

Por su parte, Blázquez (2007) conceptualiza el modelo masculino y el femenino diferenciando cuatro categorías: estilo operativo, estructura organizativa, objeto básico y estilo de solución de problemas (Tabla 1).

Tabla 1. *Modelos masculino y femenino de liderazgo.*

Modelo Masculino	Modelo Femenino
Estilo operativo: Competitivo	Estilo operativo: Cooperativo
Estructura organizativa: Jerárquica	Estructura organizativa: Equipo/Red
Objetivo básico: Triunfar	Objetivo básico: Calidad
Estilo de solución de problemas: Racional	Estilo de solución de problemas: Intuición+Racional
Características: control detallado; estrategia operativa; actitud no emocional; razonamiento analítico	Características: menor control; actitud emocional; cooperación; altos estándares de resolución

Fuente: Elaboración propia de acuerdo con Blázquez (2007).

Otro de los aspectos fundamentales a considerar en la construcción del liderazgo femenino es lo que el antropólogo inglés Gregory Bateson (1972) llamó 'doble vínculo'. Aunque Bateson utilizó este término para describir el proceso comunicativo presente en pacientes con esquizofrenia, también se ha aplicado en el ámbito de las ciencias sociales como la relación bidireccional entre la comunicación y representaciones sociales. De acuerdo con los autores Rodríguez Zoya y Rodríguez Zoya (2015), esto implica que la representación y la comunicación están interrelacionadas de manera que no pueden considerarse como entidades separadas e independientes, sino como fenómenos correlativos y co-constitutivos.

Para profundizar en esta idea, se puede vincular el concepto del 'doble vínculo' de Bateson con el de 'bucle recursivo' de Edgar Morin. El filósofo francés elabora esta noción a partir de la cibernética de retroalimentación, definiéndola como "un proceso en el que los efectos o productos al mismo tiempo son causantes y productores del proceso mismo, y en el que los estados finales son necesarios para la generación de los estados iniciales" (Morin, 1986, pp. 111-112). En este sentido, surge una aparente contradicción o paradoja. Si se aplica esta idea al dilema del liderazgo femenino, el 'doble vínculo' implica una situación comunicativa con un mensaje contradictorio. Es decir, si se cumple una parte del mensaje, se incumple la otra. Por ejemplo, una mujer mostrarse atractiva, pero las mujeres que ocupan parte de su tiempo en arreglarse no son consideradas buenas líderes.

Sin embargo, es importante señalar que el paradigma del 'mandato de género' y el 'doble vínculo' no son los únicos desafíos que las mujeres debe enfrentar al construir su liderazgo. Pulido (2014) destaca, además, que las mujeres deben considerar la crítica y la soledad que pueden experimentar como líderes, idea también sostenida por otros autores:

> También vemos que cuando una mujer tiene un cierto cargo de poder, las críticas que sufren no suelen ser argumentadas, sino que son utilizadas para descalificarlas dirigiéndose más al yo emocional que al racional ("está histérica", "es que tiene la regla", etc.). Son críticas dirigidas más a lo personal, que a su labor de gestión. Esto se puede ver también cuando en una organización dos mujeres, con cargos de poder, compiten por el liderazgo. Se tiende a interpretar como una cuestión de celos. Mientras que en el caso de los hombres se considera una lucha por el poder (Díez *et al.*, 2003, p. 5).

Por tanto, la construcción del liderazgo femenino está marcada por una serie de desafíos que van más allá de las expectativas de género y las contradicciones comunicativas. Como consecuencia, la variedad de estilos de liderazgo sugiere una relación más compleja entre género y liderazgo.

2.2. Comunicación política: retórica, discurso y lenguaje

A lo largo de la historia, el liderazgo y la comunicación política han sido elementos estrechamente entrelazados en el escenario político. La habilidad de un líder para comunicarse efectivamente con su audiencia, ya sea a través de discursos, debates, entrevistas o redes sociales, es fundamental para su éxito y para la consecución de sus objetivos políticos. Así, el uso del lenguaje relacionado con el término 'política' "no constituye un maridaje anómalo, más bien es un fenómeno sobre el que se trabaja cada vez más" (Rebollo, 1995, p. 7).

Autores como Robles Egea (2016) consideran que el poder necesario para un líder se encuentra en la propia palabra, ya sea como principio, medio o fin del proceso comunicativo:

> Siendo el liderazgo un proceso relacional, en el que la tríada básica líder, seguidores y contexto quedan unidos por múltiples conexiones, el vínculo de la comunicación es la clave del dinamismo intrínseco a los procesos de liderazgo. En cualquiera de sus formas, pero especialmente en la modalidad oral, la comunicación es el hilo de oro que enreda al líder como emisor de opinión, al seguidor como receptor del mensaje y a los medios que permiten y hacen realidad el intercambio recíproco de mensajes (Robles, 2016, p. 193).

No obstante, Rebollo (1995) considera imprescindible la distinción entre lenguaje político y lenguaje de los políticos. Con respecto a este último, Mellizo (1990, pp. 133-134) lo define como el "instrumento de dominio, que nace en el mismo momento en que nace la primera sociedad". Pero, Rebollo (1995) añade que no todos los actores políticos hacen uso del lenguaje político:

> Sin embargo, el lenguaje de los políticos –sea o no lenguaje político– tiene una gran fuerza de atracción entre la sociedad. El aparato burocrático, que depende de los políticos pues estos son su cúspide (los "jefes"), y los medios de comunicación como mensajes, repiten y magnifican lo que oyen o leen. En esta sociedad tan unificada, uniformada, igualitaria en su sentido más ramplón, la manera de expresarse se mimetiza y corremos el riesgo de hablar como ellos, es decir, mal. No debemos echar la culpa de una sociedad mal hablada a los políticos que, a fin de cuentas, no pasan de ser el reflejo de esa sociedad. Sin embargo, a todos preocupa el lenguaje de los políticos por la gran influencia que ejercen (Rebollo, 1995, p. 8).

La preocupación señalada por Rebollo es examinada mediante la aplicación de enfoques analíticos en comunicación política, que se centran en analizar las estrategias lingüísticas empleadas por los líderes para transmitir sus mensajes. Entre las disciplinas que respaldan este estudio se encuentra la *Retórica*, la cual abarca el análisis detallado de los contenidos de los mensajes, temas tratados, metáforas utilizadas, discursos emitidos, así como el lenguaje y la simbología política (Canel, 2006). Es decir, se trata de una disciplina universal que abarca la creación de discursos persuasivos efectivos y la reflexión sobre cómo se elaboran estos discursos. En consecuencia, de un campo de estudio teórico y práctico enfocado en la habilidad de convencer utilizando el lenguaje de manera efectiva (Suárez, 2021).

La retórica tiene sus orígenes en la antigua Grecia en torno al siglo V a.C. en la ciudad siciliana de Siracusa, en un contexto marcado por la injusticia y el descontento. Durante el reinado de los tiranos Gelón y su sucesor Hierón I, se desencadenó el caos cuando las tierras de los ciudadanos fueron confiscadas para ser otorgadas a los miembros del ejército personal de los tiranos. Finalmente, el derrocamiento de los tiranos trajo consigo el advenimiento de la democracia y los afectados comenzaron a buscar vías desesperadamente para recuperar lo que les había sido arrebatado. Esta lucha por la justicia provocó una avalancha de litigios, donde la elocuencia y la habilidad para persuadir con palabras hábiles se convirtieron en armas cruciales para obtener lo deseado: "cuando se instauró la libertad, se instaló en la palestra la palabra pública y libre, es decir, la retórica" (Gil, 2012, p. 15):

> El origen conocido de la reflexión sobre el uso del habla es un fenómeno muy particular: el conflicto jurídico. Los litigios ante los tribunales fueron la causa histórica del conocimiento de los recursos para convencer a la audiencia, que estuvo formada por los tribunales, en un primer estadio (Gil, 2012, p.15).

Por tanto, es importante destacar que el surgimiento de la retórica no estuvo ligado inicialmente al ámbito literario, sino que se arraigó profundamente en lo judicial y se entrelazó estrechamente con lo político. Albaladejo (1999, p.7) asegura que "nació como técnica de la construcción y comunicación oral de discursos lingüísticos con la finalidad de influir en los oyentes". En este contexto, la palabra pública y su capacidad de influencia se convirtieron en el centro de la retórica, marcando su importancia y su naturaleza desde sus inicios en el discurso democrático.

Aristóteles en su obra *Retórica* (s. IV a.C.) hizo una distinción entre dos tipos de medios de prueba: los técnicos, construidos por el orador a través de su discurso, y los extratécnicos, recursos materiales preexistentes como la jurisprudencia o los contratos. Dentro de los primeros se encuentran el *logos*, que apela a la lógica, la razón, la palabra o el discurso; el *êthos*, referido a la imagen y credibilidad del orador; y el *pathos*, que busca influir en las emociones del oyente para predisponerlo a aceptar los argumentos presentados (Vitale, 2014). Albaladejo (2009) denomina "hecho retórico" al fenómeno comunicativo del que forman parte estos elementos, así como el código, el contexto, el canal y el referente del discurso:

> Aristóteles presenta en su *Retórica* una explicación de esta comunicación que actualmente podemos considerar semiótica. Que el discurso conste de quien lo pronuncia, de aquello sobre lo que se habla y de quien lo oye supone una discursivización del conjunto del hecho retórico, del que son elementos fundamentales los tres componentes del discurso mencionados por Aristóteles. La implicación del propio discurso en estos tres componentes es una prueba de la dinamicidad que en Aristóteles es inherente al discurso y a la comunicación retórica (Albaladejo, 2009, pp. 1-2).

Cuando se aborda la retórica de la comunicación, resulta esencial reconocer y evaluar el aspecto retórico inherente a todo fenómeno comunicativo. En cualquier acto de comunicación, el emisor busca influir de alguna manera en el receptor del mensaje. Para lograrlo, el emisor utiliza todos los recursos posibles para garantizar la efectividad del mensaje en quien lo recibe. Este aspecto subraya la intención y el esfuerzo detrás de cada intercambio verbal mediante la discursividad del objeto lingüístico (Albaladejo, 2009). Al analizarlo desde el punto de vista de la comunicación política, cuya eficacia se persigue desde sus inicios por medio del discurso, se evidencia cómo el uso consciente de recursos retóricos se convierte en una herramienta crucial para persuadir y movilizar a las audiencias:

> El manejo del lenguaje como dominio de la comunicación permite hacer de él un arma de acción político-social de incuestionable pragmatismo y de una nítida voluntad sociopolítica; un resorte persuasivo en tanto que idóneo para posibilitar transformaciones en lo político y en lo social (Delgado, 2000, p. 381).

Así, la comunicación efectiva, ya sea en el ámbito cotidiano o en el político, requiere de un entendimiento profundo sobre cómo utilizar la retórica como una herramienta poderosa para alcanzar los objetivos deseados. Esta conciencia retórica permite a los emisores no solo transmitir información, sino moldear opiniones, generar consenso y promover cambios significativos en la sociedad (Novo, 2014).

2.2.1. Feminización de la comunicación política: características del estilo retórico femenino

La elección cuidadosa de las palabras, la estructura del discurso y el tono empleado son aspectos que no evaden la búsqueda de distinción entre géneros. Investigaciones como las llevadas a cabo por Karlyn Campbell (1989) marcan el comienzo de una exploración en teoría retórica femenina, dirigida a desentrañar los atributos asociados al concepto "estilo femenino" o *feminine style*. En su trabajo, Campbell examina cómo las mujeres han empleado la retórica en su lucha por la igualdad de género y el reconocimiento de sus derechos sociales. Una de las contribuciones más importantes de su obra es la identificación de los parámetros que son característicos del discurso femenino, el cual se guía por un tono personal fundamentado en cinco rasgos (Campbell, 1989, p. 13):

1. Incorporar vivencias personales y relatos anecdóticos.

2. Adoptar una estructura inductiva, reservando la idea principal para el final del discurso.

3. El deseo de involucrar a la audiencia en el discurso, incluyendo la evaluación de generalizaciones o principios a través de la experiencia de la audiencia.

4. Dirigirse a los oyentes como iguales, reconociendo la autoridad derivada de la experiencia.

5. Procurar establecer una identificación entre las vivencias de la audiencia y las narradas por el orador.

Con ello, el trabajo de Campbell no solo ha sido influyente en el campo de la retórica feminista, sino también pionero al proporcionar un marco teórico para comprender y analizar los discursos de las mujeres en diferentes contextos, resaltando la importancia de considerar el género en el análisis retórico y discursivo. Así, explora cómo se cuestionan y desafían los atributos asociados tradicionalmente con el discurso y la retórica, que han sido construidos predominantemente desde una perspectiva masculina. Por lo tanto, dentro de este campo de investigación, se identifican atributos únicos presentes en el modo de hablar de las mujeres, diferentes a las del discurso masculino.

En otras palabras, se observan rasgos distintivos en la construcción discursiva, aunque no sean exclusivas de un género u otro.

Así, la autora Milagros Fernández (2007, p. 68) identifica un concepto conocido como la "retórica del consenso" como una característica distintiva del discurso femenino. En este sentido, resume las propiedades definitorias que aseguran la efectividad de la comunicación, las cuales incluyen el empleo del discurso cooperativo, el uso de expresiones indirectas y mitigadas y la singular expresividad del lenguaje femenino. Mientras, académicas como Yu (2014) sostienen que las líderes mujeres tienen a utilizar más pronombres personales y a incluir connotaciones emocionales en sus discursos, lo que implica una mayor participación de la audiencia en el proceso comunicativo. Así, este enfoque busca humanizar la dimensión política personal, invitando al público a formar parte del diálogo con el orador.

En consecuencia, se establece una conexión entre el *ethos* de Aristóteles y el estilo retórico femenino en el ámbito político. El *ethos*, que se refiere a la credibilidad y la autoridad moral del hablante, se ve reflejado en la capacidad de las líderes mujeres para involucrar a su audiencia y establecer una conexión emocional a través de su discurso, lo que contribuye a fortalecer su imagen y liderazgo político. Por su parte, la investigadora francesa Simone Bonnafous introdujo el término "ethos féminin" (Bonnafous, 2003, p. 133), definiéndolo como un conjunto de características y estilos de comunicación asociados con las mujeres en su esfera tanto pública como privada, que se ajustan al denominado modelo *pragmatique-empathique*. Este modelo presenta las siguientes características principales (Bonnafous, 2003, pp. 134-137):

1. Rechazo explícito del maniqueísmo, simplificación y aumento de los matices, distinciones y precisiones.

2. Uso de expresiones concretas y poco metafóricas, ancladas a la vida cotidiana y real.

3. Limitado uso de la la ironía y agresividad hacia los adversarios o detractores, junto con la manifestación de no avivar polémicas.

4. Manifestación frecuente de una cierta benevolencia y solidaridad, reflejada en un léxico de amor, afecto y compasión, características menos comunes entre los políticos varones.

5. Empleo de diálogos más o menos ficticios.

Por otro lado, entre las investigaciones más recientes se destaca el estudio realizado por Raquel Quevedo (2021), cuyas conclusiones se alinean con los resultados previos académicos de este campo detallados en el presente Trabajo. Quevedo identifica rasgos distintivos del estilo retórico femenino y *ethos* femenino, los cuales incluyen un tono más personal, cercano y natural, así como el uso de anécdotas de la vida cotidiana, el tuteo y uso de nombres propios, la participación activa de la audiencia o una estructura inductiva como estructura discursiva en contraposición a la estructura deductiva, donde la idea principal se presenta al inicio del discurso, siendo esta última estructura característica del estilo retórico y *ethos* masculino.

Asimismo, la autora subraya que estos atributos, como se ha señalado anteriormente, no están reservados exclusivamente para las mujeres, sino que los hombres también pueden adoptarlos o ponerlos en práctica. Añade además que la feminización de la política, cuando se aplica a la comunicación, está vinculada a la adopción de tácticas destinadas a abordar de manera más exhaustiva y efectiva los temas asociados con las mujeres y la política blanda (*soft politics*) en el discurso de los líderes. Así, este fenómeno, conocido como "feminización de la agenda", implica una adaptación del discurso político para estudiar mejor las preocupaciones y prioridades de género en la esfera pública.

2.3. El liderazgo político en las instituciones europeas

En los últimos años, los académicos han intensificado su labor en el campo del liderazgo y han integrado más teorías procedentes de los estudios sobre este tema y otras disciplinas. En este sentido, Müller y Van Esch (2020, p. 1056) han identificado cuatro temas fundamentales que definen la literatura más actual sobre el liderazgo en las instituciones europeas.

Estos temas, según las autoras, "representan los principales debates teóricos en la investigación contemporánea del liderazgo en la UE" :

1. El liderazgo como hegemonía.

2. El liderazgo como impacto.

3. El liderazgo como poder blando (*soft power*).

4. El liderazgo en contexto.

Sin embargo, a pesar de que la Unión Europea desempeña un papel crucial en la configuración de políticas y decisiones que afectan a millones de personas, el estudio del liderazgo político y la comprensión de cómo se ejerce dentro de sus instituciones sigue siendo un área poco explorada dentro del ámbito académico. Además, esta falta de conocimiento se extiende a la sociedad en general, en parte debido a la propia naturaleza de la UE, que se caracteriza por ser un sistema político altamente fragmentado y descentralizado, careciendo de un claro centro de ejercicio del liderazgo (Tömmel, 2012, como se cita en Müller, 2020).

Por su parte, Tömmel y Verdun (2017) señalan que esta falta de atención contrasta notablemente con la extensa investigación y literatura existente sobre el liderazgo político en los sistemas políticos nacionales, lo que subraya la necesidad de reflexionar y analizar de manera sistemática la naturaleza del liderazgo político en el contexto de la UE. Además, desde una perspectiva histórica, Beach y Mazzucelli (2007, p. 7) explican esta falta de estudio argumentando que "el liderazgo nunca se convirtió en una parte integral de ninguna de las teorías de la integración europea debido a la naturaleza institucional predominante de los estudios europeos".

No obstante, la UE se encuentra en un periodo de transformación marcado por una crisis de legitimidad incesante, como lo indica el último Eurobarómetro de la Unión publicado en otoño de 2023, donde casi la mitad de los ciudadanos europeos no confían en las instituciones europeas y muestran una opinión más neutral o negativa sobre la UE[2]. En este contexto, los líderes europeos enfrentan el desafío de encontrar respuestas comunes

a los problemas a los que se enfrenta esta la Unión, pero su incapacidad para abordar estos problemas de manera colectiva y decisiva ha llevado a varios académicos a concluir que se está experimentando una crisis de liderazgo a nivel europeo (Schild, 2013; Westfall, 2013; Van Esch, 2017).

Siguiendo esta línea, McNamara (2010, p. 3) habla de un momento de "empuje de la crisis" (*crisis push*), señalando una sorprendente falta de liderazgo político coordinado en las capitales europeas, a pesar del desarrollo limitado de las capacidades de la UE. Así, su observación resalta la importancia crítica de un liderazgo político efectivo, subrayando la necesidad de una mayor cooperación entre los líderes políticos europeos para garantizar una respuesta más sólida ante los desafíos que enfrenta la Unión Europea en el escenario mundial.

Por otro lado, Tömmel y Verdun (2017) afirman que la UE no tienen una estructura de liderazgo clara debido al carácter fragmentado de la política europea:

> Muchos líderes y aspirantes a líderes dominan la escena europea. Particularmente en situaciones de crisis en las que se requiere una acción rápida, el sistema de liderazgo fragmentado y parcialmente compartido apenas funciona: las decisiones se toman demasiado tarde o no se toman en absoluto y, si se toman es solo después de largas deliberaciones y negociaciones entre una gran cantidad de partes e instituciones interesadas. En resumen, el sistema político de la UE a menudo parece incapaz o lento para responder a asuntos apremiantes. Cuando debe actuar, por lo general se caracteriza

---

2   Comisión Europea. (2023). *Public Opinion in the European Union.* https://europa.eu/eurobarometer/surveys/detail/ 3053

tanto por la falta de un liderazgo político fuerte y claro como, al mismo tiempo, por la abundancia de líderes, sin que ninguno de ellos esté claramente en el asiento del conductor (Tömmel y Verdun, 2017, p. 103).

En consecuencia, la percepción de una supuesta crisis de liderazgo en la Unión destaca cada vez más la importancia crítica de investigaciones que aborden de manera integral el papel y el impacto del liderazgo político en la UE. Esto implica comprender cómo los líderes europeos influyen en la formulación de políticas, en la toma de decisiones y en la implementación de medidas en un entorno caracterizado por la complejidad de los desafíos regionales y globales, así cómo el liderazgo político en la UE puede ser necesario para superar los principales obstáculos o desafíos a los que se enfrenta como las negociaciones en la reforma de los tratados (Beach y Mazzucelli, 2007).

2.3.1. La Comisión Europea como centro de la investigación sobre el liderazgo

En líneas generales, los estudios sobre el liderazgo político en la Unión Europea se enfocan en las diversas instituciones que la componen, tales como la Comisión Europea, el Consejo Europeo y el Banco Central Europeo, así como en sus respectivos presidentes. Asimismo, se centran en los jefes de Estado o de Gobierno de cada uno de los Estados miembros. Con ello, Tömmel y Verdun (2017) aseguran que los líderes más estudiados son los presidentes de la Comisión como Jacques Delors (1985-1995), Romano Prodi (1999-2004) o Jean-Claude Juncker (2014-2019), especialmente el primero de ellos.

A pesar de que la presidencia de la Comisión Europea no se concibe explícitamente como una posición orientada hacia el liderazgo político, dada su limitada autoridad, esto puede atribuirse al hecho de que el cumplimiento satisfactorio del mandato de los presidentes de la Comisión requiere inevitablemente una manifestación de liderazgo político debido a la variedad de funciones políticas que desempeñan (Kassim *et al.*, 2013; Tömmel, 2013; Müller, 2020). Así, autores como Endo (1999, pp. 26 y 63-64), Wille (2013, pp. 61-64) o Müller (2020, p. 69) sostienen que, de acuerdo con las funciones primordiales de la Comisión, su presidente tiene como objetivo satisfacer tres demandas específicas de liderazgo y, en consecuencia, tres responsabilidades como consecuencia a nivel europeo:

1. Liderazgo en el establecimiento de la agenda (*agenda setting*): elaboración de políticas.

2. Liderazgo mediador-institucional: implementación de políticas.

3. Liderazgo público: representación de políticas mediante el apoyo en la esfera pública.

Además, este argumento encuentra respaldo, respecto a la definición del Presidente de la Comisión Europea, en las fuentes oficiales de la Unión Europea, como la página oficial de la Comisión Europea o el portal jurídico de la Unión Europea, EUR-Lex, los cuales sostienen lo siguiente:

El presidente es el jefe de la Comisión Europea, que es el poder ejecutivo de la Unión Europea (UE). El presidente decide la organización de la Comisión y asigna carteras a los diferentes comisarios, establece la agenda política de la Comisión y representa a la Comisión en las reuniones del Consejo Europeo, las cumbres del G7 y del G20, las cumbres con países no pertenecientes a la UE y los grandes debates en el Parlamento Europeo (el Parlamento) y en el Consejo de la Unión Europea (EUR-lex y Comisión Europea, 2024, párrs. 1-3).

De esta manera, los estudios sobre la Comisión Europea han tendido a enfocarse en el liderazgo de esta institución y en el de sus presidentes en áreas políticas específicas, así como en la capacidad institucional de la Comisión para influir en las negociaciones de los tratados europeos (Dinan, 2016; Kreppel y Buket, 2017). En esta línea, Cini (2008) destaca que la expectativa en el liderazgo de la Comisión se deriva de dos fuentes interrelacionadas:

En primer lugar, en el Tratado de la Unión Europea (TUE) y en los trabajos que confieren a la Comisión sus funciones, así como en el conjunto de ideas asociadas a la razón de ser de la Comisión, que se encuentran en escritos neo-funcionalistas y que constituyen una dimensión importante del "Método Monnet" de la integración europea. La segunda fuente, que se nutre de la primera, proviene de la experiencia de los presidentes anteriores y de la mitología que rodea los momentos históricos de la integración europea en los cuales la Comisión ha logrado desempeñar un papel de liderazgo (Cini, 2008, p. 114).

Asimismo, Cini (2008, p. 114) añade que "en periodos anteriores, el presidente de la Comisión Europea que ejerció un fuerte liderazgo simbólico fue Walter Hallstein (1958-1967), quien ocupó el cargo al inicio de su fundación. A partir de 1995, este papel lo asumió Jacques Delors, quien fue ocupó la presidencia de la Comisión durante la década precedente a dicho año". Desde entonces, los académicos han empleado enfoques y teorías de liderazgo para estudiar el liderazgo político de los presidentes de la Comisión, siguiendo así la idea anteriormente mencionada por Tömmel y Verdun (2017).

Por otro lado, Abels y Mushaben (2020) han realizado una investigación sobre la acción de la Presidenta actual de la Comisión Europea, Ursula von der Leyen (2019-presente), centrando su análisis en el establecimiento de la agenda política:

> A pesar de la ambiciosa agenda de von der Leyen, tanto ella como sus comisionados se enfrentarán a importantes limitaciones estructurales en términos de liderazgo. Esto se debe al panorama posterior a 2019, el cual está imponiendo nuevos límites a un fuerte liderazgo presidencial como consecuencia de una mayor polarización y fragmentación dentro y entre los tres órganos que componen el triángulo legislativo: la Comisión, el Consejo y el Parlamento Europeo (Abels y Mushaben, 2020, p. 126).

En relación a esto, una investigación reciente llevada a cabo por Müller y Tömmel (2022) ha ofrecido también una evaluación de Ursula von der Leyen como Presidenta actual de la Comisión, en la que estudian tanto su posición como su comportamiento en términos de liderazgo. Por su parte, Müller y Tömmel (2022) analizaron diversos aspectos, incluyendo su biografía, el contexto situacional de su nombramiento considerando el método del *Spitzenkandidaten*, el establecimiento de la agenda a través del análisis de sus primeros discursos, así como su desempeño durante la pandemia de COVID-19. Ambas investigadoras concluyeron que las cualidades personales de von der Leyen son fundamentales para exhibir un liderazgo estratégico y satisfactorio.

2.3.2. El caso de Ursula von der Leyen como Presidenta de la Comisión Europea

Ursula von der Leyen es una política alemana nacida el 8 de octubre de 1958 en Bruselas, Bélgica. Proviene de una familia de larga tradición política: su padre, Ernst Albrecht, fue un destacado político y funcionario de la Unión Demócrata Cristiana de Alemania (CDU), cuyos pasos marcaron el inicio de la carrera política de su hija (Tabla 2) (Adonis, 2021). Von der Leyen estudió economía en la Universidad de Gotinga y, posteriormente, medicina en la Universidad de Hannover, donde se graduó en 1987. Tras completar su formación médica, trabajó como asistente de investigación en el Hospital Universitario de Hannover.

En cuanto a sus primeros pasos en política, su carrera comenzó en la década de 1990, cuando se afilió a la CDU, en un momento crucial de la historia de Alemania coincidiendo con su unificación, y fue electa como miembro del parlamento estatal de Baja Sajonia en 2003. Durante su tiempo en el parlamento, ocupó varios cargos en el gobierno regional, incluyendo el de Ministra de Asuntos Sociales, Mujeres, Asuntos de la Familia y Salud desde 2003 hasta 2005. Ese mismo año, von der Leyen fue nombrada Ministra Federal de Asuntos de la Familia, Personas Mayores, Mujeres y Jóvenes en el gobierno federal liderado por la canciller Angela Merkel. Durante su mandato, promovió políticas dirigidas a mejorar el cuidado infantil, promover la igualdad de género y facilitar el equilibrio entre el trabajo y la vida personal. Sin embargo, tuvo que enfrentar diversos obstáculos durante esta etapa:

> Los defensores de la igualdad también se mostraron escépticos con respecto a la primera asignación de Ursula von der Leyen como Ministra de Familia, Personas Mayores, Mujeres y Juventud, aunque sus experiencias de cuidado como madre trabajadora la hicieron más calificado para ese puesto que la física divorciada y sin hijos que había ocupado ese cargo 15 años antes (en referencia a Angela Merkel). Muchas de las reformas "radicales" que propuso hasta 2009 fueron rechazadas en voz alta por los miembros de la CDU/CSU, y a veces incluso se opusieron a su canciller- jefe (Mushaben, 2022, pp. 24-25).

A pesar de los rechazos a sus propuestas de reformas, que continuaron incluso durante su mandato como Ministra Federal de Trabajo y Asuntos Sociales, desde 2009 hasta 2013, von der Leyen pareció ganar un mayor reconocimiento entre los líderes principales de su partido. "Esto se debió a la percepción de que la CDU, que hasta entonces había rechazado la idea de cuotas, necesitaba diversificar su liderazgo para adaptarse a cambios generacionales, diferencias regionales y una brecha de género entre los votantes elegibles" (Mushaben, 2022, p. 26).

En el año 2013, Ursula fue designada como Ministra Federal de Defensa, convirtiéndose así en la primera mujer en ocupar este cargo en Alemania. Durante su mandato, abogó por un aumento en el gasto en defensa y participó activamente en debates sobre seguridad nacional y política exterior. Sin embargo, durante este periodo, enfrentó críticas constantes relacionadas con su vestimenta, su personalidad o su estilo de comunicación, que habían persistido desde su entrada en la política nacional (Roll, 2005; Dausend y Niejahr, 2015; Mushaben, 2022).

En 2019, von der Leyen apareció como candidata sorpresa propuesta por el presidente actual de la República Francesa, Emmanuel Macron, "con el objetivo de encontrar una manera de salir del punto muerto" (Müller y Thieme, 2020, p. 6). Así, el 1 de diciembre de 2019, von der Leyen asumió la presidencia de la Comisión Europea, con un mandato inicialmente establecido para cinco años, marcando un hito al convertirse en la primera mujer en ocupar este cargo. En este punto conviene recordar que von der Leyen expresó su interés en buscar un segundo mandato el 19 de febrero de este año. Desde entonces, ha liderado los esfuerzos de la UE en áreas clave como la respuesta a la pandemia de COVID-19, la lucha contra el cambio climático, la reforma de la política migratoria y de la Política Agrícola Común (PAC), así como en la guerra de Ucrania. Con ello, su elección "confirma la transformación fundamental de la Unión, así como sus políticas y políticas desde la década de 1950" (Abels y Mushaben, 2020, p. 121).

Por último, Ursula von der Leyen anunció la visión de establecer una Comisión *geopolítica,* con el propósito de promover y fortalecer el papel de la Comisión en los asuntos internacionales. Esta visión se ve reflejada en su agenda estratégica que comprende seis ambiciones clave para Europa, según expresa en su primer discurso ante el Parlamento Europeo titulado *A Union that strives for more.* Estas ambiciones son la implementación de un "Pacto Verde Europeo"; la promoción de "una economía que funcione para la gente"; "una Europa adaptada a la era digital"; "la protección de nuestra forma de vida europea"; "una Europa más fuerte en el mundo" y "un nuevo impulso para la democracia europea" (von der Leyen, 2019).

Tabla 2. La carrera política de Ursula von der Leyen

Presidenta de la Comisión Europea	2019 - Actualidad
Ministra Federal de Defensa de Alemania	2013 - 2019
Ministra Federal de Trabajo y Asuntos Sociales	2009 - 2013
Miembro del Bundestag alemán	2009 - 2019
Ministra Federal de Asuntos de la Familia, Personas Mayores, Mujeres y Jóvenes de Alemania	2005 - 2009
Ministra de Asuntos Sociales, Mujeres, Asuntos de la Familia y Salud en Baja Sajonia de Alemania	2003 - 2005
Miembro de la CDU en la Asamblea Estatal de Baja Sajonia	2003 - 2005
Miembro de la CDU	Desde 1990

Fuente: Elaboración propia. Datos de la página oficial de la Comisión Europea (2024)

3. Marco metodológico

Con el propósito de demostrar tanto la hipótesis de partida como la hipótesis secundaria del presente Trabajo Fin de Máster, se ha empleado una metodología que se sustenta en una extensa revisión bibliográfica y en el análisis basado en una serie de marcadores. Esta revisión se ha llevado a cabo para desarrollar el estudio de caso que constituye el núcleo de esta investigación, cuyo objetivo principal es el análisis del estilo retórico de la Presidenta actual de la Comisión Europea, Ursula von der Leyen, quien se presenta como el objeto de estudio de este Trabajo.

Para llevar a cabo el desarrollo de la investigación, se ha optado por analizar uno de los actos comunicativos más significativos en la Comisión Europea pronunciados por la Presidenta: el discurso sobre el Estado de la Unión, cuya función es la de evaluar los logros alcanzados del año anterior y presentar las novedades y objetivos para el año siguiente. En este contexto, se examinarán dos discursos distintos: el primero, pronunciado en 2020, y el cuarto, de este mandato, pronunciado en 2023.

La elección de estos discursos se justifica por dos razones: en primer lugar, debido a la limitada extensión de este Trabajo Fin de Máster y, en segundo lugar, para determinar si existen diferencias importantes en el estilo comunicativo y retórico de la Presidenta entre su primer y último discurso del mandato actual, teniendo en cuenta la fecha de culminación del presente Trabajo. Además, se busca contrastar el contenido de los discursos debido al contexto y los diferentes acontecimientos político-sociales en los que fueron pronunciados, como la pandemia de COVID-19 en el primer discurso y la guerra de Ucrania en el último.

En relación con el análisis, es importante señalar inicialmente que los discursos se estudiarán en el idioma español y consultados en la página oficial de la Comisión Europea. Por su parte, los discursos en su versión original están disponibles tanto en los siguientes enlaces como en el apartado de referencias bibliográficas de este Trabajo (Apartado 6) debido a su considerable extensión: SOTEU (2020) y SOTEU (2023). Así, para este análisis se destacarán citas directas extraídas de los propios discursos con el fin de facilitar un estudio práctico de los elementos teóricos investigados que constituyen las hipótesis del presente Trabajo.

Estos elementos han sido seleccionados debido a su relevancia en el ámbito del liderazgo y la comunicación de los líderes. En primer lugar, los parámetros del estilo retórico femenino propuestos por Campbell (1989) son fundamentales por ser una investigación pionera en este campo y por proporcionar un marco teórico sólido para comprender y analizar las características distintivas del discurso y la comunicación de las mujeres en la esfera pública. Por otro lado, los parámetros de Bonnafous (2003) son importantes debido a su enfoque específico en el contexto político. En cuanto a los parámetros propuestos por Quevedo (2021), destacan por tener en cuenta los desarrollos más recientes en la teoría y la práctica de la comunicación política. Este estudio amplía el enfoque tradicional en el estilo retórico femenino para comprender cómo las mujeres líderes se comunican en la esfera política contemporánea.

Por un lado, el concepto de poder blando y poder duro de Joseph Nye (2011) es importante porque proporciona un marco conceptual para comprender y examinar las diversas formas en que los estados y actores internacionales ejercen influencia en el mundo contemporáneo. Asimismo, este enfoque resulta interesante para los lideres de la Unión Europea porque la UE es considerada por su naturaleza como un actor que ejerce principalmente el poder blando (*soft power*) en la arena internacional, como se ha explicado en el apartado 2.3. Por otro lado, el concepto de rol estilístico y político propuesto por Robert Savage y Dan Nimmo (1976) adquiere un carácter significativo en el análisis del comportamiento comunicativo de los líderes ya que permite evaluar la eficacia del liderazgo al analizar cómo los líderes se adaptan a los diferentes roles y situaciones que enfrentan en su ejercicio.

Considerando lo anteriormente expuesto, cada discurso será analizado siguiendo una estructura paralela, coherente con las hipótesis que se pretenden validar. Para ello, se llevará a cabo una introducción breve al contexto en cuestión, seguida del análisis detallado de los parámetros establecidos para tal fin.

4. Desarrollo de la investigación

4.1. Primer discurso sobre el Estado de la Unión 2020

El discurso sobre el Estado de la Unión es un evento anual en el que el Presidente de la Comisión Europea provincia un discurso ante el Parlamento Europeo y otros líderes de la Unión Europea. De esta manera, este discurso proporciona una visión general de los logros del año anterior, así como de las prioridades y desafíos para el futuro de la UE.

El 16 de septiembre de 2020, Ursula von der Leyen pronunció su primer SOTEU en calidad de Presidenta de la Comisión Europea, tras asumir el cargo en diciembre de 2019, sucediendo a Jean-Claude Juncker (2014-2019). Este discurso representó una oportunidad fundamental para presentar su visión y agenda para la UE durante su mandato.

En su intervención, von der Leyen abordó una amplia gama de temas, delineando su plan de una Europa que emergiera fortalecida de la pandemia y liderara la recuperación económica y social. Por ello, destacó la relevancia de los fondos *NextGenerationEU*, un programa de recuperación económica y resiliencia establecido por la Unión Europea en respuesta a la crisis provocada por la pandemia de COVID-19, como una oportunidad única para conseguirlo.

Por otro lado, delineó los pilares estratégicos en los que la Comisión se enfocaría para avanzar hacia una Europa "más ecológica, digital y resistente". Estos pilares comprenden la protección de las vidas y medios de subsistencia de los ciudadanos europeos, el fortalecimiento del Pacto Verde Europeo, la optimización del mercado único europeo y el fomento de una respuesta global ante la pandemia. Además, la Presidenta abordó la geopolítica global, subrayando la importancia de la solidaridad entre los Estados miembros y la necesidad de un enfoque unificado para afrontar los desafíos comunes que enfrenta la Unión Europea.

Con todo, este discurso no solo estableció el tono para el mandato de Ursula von der Leyen como Presidenta de la Comisión, sino que también representó un punto de inflexión crucial en un momento caracterizado por la incertidumbre y cambio para Europa.

4.1.1.Análisis de las características del estilo retórico femenino

Durante el discurso sobre el Estado de la Unión de 2020, se han podido identificar diversas características propias del estilo retórico femenino manifestadas en la oratoria de Ursula von der Leyen.

En primer lugar, según los parámetros propuestos por Campbell (1989) y Quevedo (2021), se observa un claro deseo de involucrar a la audiencia a lo largo de todo el discurso. Este deseo se manifiesta especialmente en el uso de la primera persona del plural, con el fin de evitar establecer una separación entre la oradora y los ciudadanos europeos, quienes son los principales receptores del discurso, y adoptar un tono más cercano. Este aspecto se evidencia con claridad en la tercera parte del discurso, bajo el título *Impulsar Europa: Construir el mundo en el que queremos vivir* (von der Leyen, 2020):

> No hay nada que sea más urgente que salvar el futuro de nuestro frágil planeta. Aunque gran parte de la actividad mundial se ha detenido durante los confinamientos y cierres, el planeta ha seguido recalentándose peligrosamente. Lo vemos por todas partes a nuestro alrededor: de las viviendas evacuadas debido al hundimiento de los glaciares en el *Mont Blanc* a los incendios de Oregón o los cultivos destruidos en Rumanía por la sequía más grave de las últimas décadas. Pero también hemos visto cómo la naturaleza regresaba a nuestras vidas. Anhelamos espacios verdes y un aire más limpio para nuestra salud mental y nuestro bienestar físico. Sabemos que el cambio es necesario, y también sabemos que es posible. El Pacto Verde Europeo es nuestro modelo para llevar a cabo esta transformación (von der Leyen, 2020, pp. 9-10).

En este punto, es importante destacar que, como Presidenta de la Comisión, y, por ende, como representante de una de las Instituciones de la Unión Europea, el empleo de la primera persona del plural no necesariamente implica la intención de evitar distinguirse con respecto a los ciudadanos europeos. Más bien, en numerosas ocasiones, este recurso lingüístico se utiliza para referirse a la propia Comisión como entidad, en lugar de centrarse exclusivamente en la figura personal de la oradora: "La pandemia, y la incertidumbre que conlleva, todavía no han terminado, y la recuperación aún está dando sus primeros pasos. Por ello, nuestra primera prioridad es salir adelante juntos; estar ahí para quienes nos necesitan" (von der Leyen, 2020, p. 4).

En este contexto, se destaca el hecho de dirigirse a los oyentes como iguales, en consonancia con la teoría de Campbell (1989). En este sentido, Ursula von der Leyen establece una relación de igualdad con su audiencia, al mismo tiempo que trata de identificarse con sus experiencias personales. Este enfoque se evidencia claramente al inicio del discurso, donde se dirige directamente a médicos, enfermeros y trabajadores asistenciales, reconociendo su arduo trabajo durante los momentos más desafiantes de la crisis sanitaria derivada de la COVID-19. Asimismo, agrega:

> Su empatía, su valentía y su sentido del deber son una inspiración para todos nosotros, y quería empezar este discurso rindiéndoles homenaje. Sus historias nos dicen mucho sobre el estado de nuestro mundo y el estado de nuestra Unión. Nos muestran el poder de la humanidad y un sentido del duelo que perdurará durante largo tiempo en el seno de nuestra sociedad (von der Leyen, 2020, p. 2).

Este elemento, también se identifica en la segunda parte del discurso, con el título *Salir adelante juntos: cumplir la promesa de Europa*: "Pero lo cierto es que, para demasiadas personas, trabajar ya no sale a cuenta. El dumping salarial destruye la dignidad del trabajo, penaliza al empresario que paga salarios dignos y falsea la competencia leal en el mercado único" (von der Leyen, 2020, p. 6). Conforme a esta línea, en la última parte de la quinta parte del discurso *Nueva vitalidad para Europa*, se aprecian los dos rasgos propios del estilo retórico femenino previamente mencionados:

> No descansaré a la hora de construir una Unión de igualdad. Una Unión en la que todos podamos ser como somos y amar a quien amemos, sin miedo a la recriminación o a la discriminación. Porque ser tú mismo no es cuestión de ideología. Es tu identidad. Y nadie podrá nunca arrebatártela. (...). Y para asegurarnos de que apoyamos al conjunto de la comunidad, la Comisión va a presentar en breve una estrategia para reforzar los derechos de las personas LGBTIQ. En este contexto, también fomentaré el reconocimiento mutuo de las relaciones familiares en la UE. Si usted es madre o padre en un país, también lo es en todos los demás países (von der Leyen, 2020, p. 25).

Atendiendo al ejemplo anterior, se señala cómo Ursula von der Leyen emplea el tuteo, siguiendo a Quevedo (2021), lo que le permite a la oradora establecer un tono más cercano con los ciudadanos, así como se reconoce la cuarta característica planteada por Bonnafous (2003), es decir, la manifestación regular de una cierta benevolencia y solidaridad. Por otro lado, se subraya la primera característica propuesta por esta autora, la cual se refiere al rechazo explícito del maniqueísmo en el discurso. En este contexto, el maniqueísmo puede ser definido como una inclinación hacia una visión simplificada del mundo, caracterizada por la dicotomía entre el bien y el mal, sin considerar matices ni complejidades. Esta perspectiva polarizada categoriza a los actores políticos en términos absolutos, donde un lado se percibe como moralmente correcto y el otro como intrínsecamente malvado. Esta forma de pensamiento puede dar lugar a la demonización del adversario político y a la desconfianza hacia aquellos con opiniones divergentes.

En este discurso, la Presidenta de la Comisión (2020, p. 7) expresa de manera clara ser una "firme defensora de la negociación colectiva", lo que demuestra su postura de apertura al diálogo, así como la de la Comisión. En relación, Ursula von der Leyen (2020, p. 17) aborda la cuestión de China en la cuarta parte del discurso titulada *Una Europa vital en un mundo frágil*, señalando que, si bien este país es considerado como un "competidor económico y un rival sistémico", también es reconocido como un "socio negociador" para la Unión Europea. En otras palabras, a pesar de las notables diferencias entre China y la Unión en cuanto a sus sistemas de gobernanza y sociedad, la Presidenta apuesta por la negociación y el diálogo entre ambas partes.

Sin embargo, es importante destacar la condena directa de la Presidenta hacia la vulneración de los derechos humanos en lugares como Hong Kong o el golpe contra la democracia en Bielorrusia. Este posicionamiento queda patente en las palabras de von der Leyen (2020, p. 18): "Las elecciones que les han llevado a la calle no han sido ni libres ni justas. Y la brutal respuesta que ha dado el Gobierno desde entonces ha sido vergonzosa. El pueblo bielorruso debe tener libertad para decidir su propio futuro. No son piezas en el tablero de ajedrez de otros". No obstante, resulta conveniente entender que estas declaraciones son congruentes con el rol de representación de la Comisión Europea que asume la oradora, y por ende, con la representación de los valores de la Unión Europa dispuestos en el artículo 2 del TUE. Valores que discrepan con las circunstancias vividas en Bielorrusia o Hong Kong.

En relación a esto último, cabe mencionar la tercera característica por Bonnafous (2003): el uso limitado de la ironía y la agresividad hacia los opositores, así como la manifestación de evitar avivar controversias. En este discurso, la oradora adopta una posición clara y directa, cuyo mensaje no deja lugar a equívocos, reflejando así la postura de la Unión Europea independientemente de las consecuencias que puedan surgir. Eso sí, von der Leyen no recurre a la ironía como recurso discursivo en general a lo largo de este escrito.

Pero sí emplea diálogos más o menos ficticios, lo que constituye el quinto rasgo característico del estilo retórico femenino según la autora (2003). Este recurso se evidencia en el siguiente ejemplo, donde además se identifica con las experiencias de los oyentes y emplea un lenguaje emotivo:

> Porque, cuando miramos a nuestro alrededor, nos preguntamos: ¿dónde está la esencia de la humanidad cuando tres niños de Wisconsin ven cómo su padre es abatido a tiros por la policía mientras ellos están dentro de su coche? Nos preguntamos: ¿dónde está la esencia de la humanidad cuando por nuestras calles desfilan abiertamente comparsas de Carnaval antisemitas? ¿Dónde está la esencia de la humanidad cuando cada día los romaníes son excluidos de la sociedad y otras personas son rechazadas simplemente por el color de su piel o sus creencias religiosas? Estoy orgullosa de vivir en Europa, en esta sociedad abierta de valores y diversidad. Pero incluso aquí, en la Unión, estas situaciones son para mucha gente el pan nuestro de cada día (von der Leyen, 2020, p. 24).

Siguiendo con Quevedo (2021), Ursula von der Leyen utiliza nombres propios para referirse directamente a figuras políticas como Andrei Sakharov (p. 2) o John Hume (p. 23), Margaret Thatcher (p. 20) o Alexei Navalny (p. 18). No obstante, también presenta a otras figuras de manera más formal como al presidente Sassoli o a la líder alemana Merkel (p. 4). Por otro lado, en consonancia con la estructura inductiva, característica compartida también en los parámetros de Campbell (1989), la oradora menciona la idea principal al final. De este modo, Ursula von der Leyen emplea este recurso en forma de resumen para generalizar y clarifica lo expuesto anteriormente de manera más detallada. Un ejemplo de ello es cuando aborda los fondos *NextGenerationEU*: "Esto solo puede lograrse si todos lo hacemos juntos e insistiré en que los planes de recuperación no solo nos lleven a salir de la crisis, sino que también nos ayuden a impulsar a Europa hacia el mundo del mañana" (von der Leyen, 2020, p. 12).

Finalmente, las tres autoras (1989; 2003; 2021) coinciden en el uso de relatos anecdóticos, experiencias personales y expresiones arraigadas en la vida cotidiana. En este sentido, la oradora hace referencia a su experiencia como ministra de Trabajo y Asuntos Sociales (p. 6) para respaldar la idea de la creación de un instrumento que proteja a los trabajadores y a las empresas de perturbaciones externas. Sin embargo, narra esta experiencia con un propósito pragmático que se aparta de lo emocional y lo cercano, lo que hace que este rasgo resulte insignificante considerando el tono empleado para relatarlo y la extensión del discurso en sí mismo.

4.1.2. Análisis de los conceptos de poder blando y duro de Joseph Nye

Como se ha explicado anteriormente, el concepto de "poder blando" y "poder duro" desarrollado por Joseph Nye (2011) ha sido fundamental en el análisis de las relaciones internacionales contemporáneas. En su obra, Nye distingue entre un poder más coercitivo (duro) y uno más persuasivo (blando), definiendo el primero como la capacidad de un actor para lograr sus objetivos mediante el uso de la fuerza militar o económica, una capacidad organizacional eficiente e influyente hacia otros. Mientras, el segundo, fundamentado en la inteligencia emocional y las habilidades comunicativas, se refiere a la habilidad de moldear las actitudes y preferencias de otros a través de valores políticos y la diplomacia.

En cuanto a su caracterización en el discurso, el poder duro se distingue por un tono más agresivo e incluso amenazante, utilizando un lenguaje directo y, en ocasiones, beligerante. Este enfoque pone énfasis en la seguridad y el control de los Estados. Por otro lado, el poder blando se caracteriza por adoptar un tono diplomático y conciliador, empleando un lenguaje persuasivo y centrado en la promoción de los valores compartidos y la cooperación entre países.

En este sentido, el estilo retórico de Ursula von der Leyen en este discurso muestra una combinación de poder blando y duro. Por un lado, la Presidenta utiliza argumentos sólidos respaldados por datos y análisis económicos, lo que refleja el ejercicio de un poder duro basado en la autoridad institucional y el pragmatismo político. Esto se puede reconocer cuando la oradora aborda el plan común para conseguir una Europa digital:

> Pero ahora Europa debe liderar el camino digital, o tendrá que seguir el camino de otros, que están fijando estas normas para nosotros. Esta es la razón por la que debemos avanzar rápidamente. Creo que hay tres ámbitos en los que debemos centrarnos. En primer lugar, datos. (…). El segundo ámbito en el que debemos centrarnos es la tecnología, y en particular la inteligencia artificial. (…). El tercer punto es la infraestructura. (…). Si estamos luchando por una Europa de igualdad de oportunidades, es inaceptable que el 40 % de la población de las zonas rurales siga sin tener acceso a conexiones de banda ancha rápidas. (…). Si Europa quiere avanzar, y hacerlo rápidamente, debemos dejar atrás nuestra indecisión (von der Leyen, 2020, pp. 13-15).

También, al referirse a la posición de la Unión Europea en los asuntos mundiales y la imperativa necesidad de reformar el sistema multilateral:

> La necesidad de revitalizar y reformar el sistema multilateral nunca ha sido tan urgente. Nuestro sistema mundial ha crecido hasta llegar a una abrumadora parálisis. Las principales potencias o están abandonando las instituciones o las utilizan como rehenes para sus propios intereses. Ninguna de esas vías nos llevará a ninguna parte. Sí, queremos cambiar. Pero cambiar construyendo, no destruyendo. Pero sabemos que las reformas multilaterales llevan tiempo, y entretanto el mundo no va a detenerse. Sin duda, es muy necesario que Europa adopte posiciones claras y medidas rápidas en los asuntos mundiales (von der Leyen, 2020, p. 17).

En estos ámbitos, se observa a la Presidenta de la Comisión con una actitud firme e inflexible para conseguir una Unión más sólida y adaptable a los desafíos del panorama actual en constante cambio.

Por otra parte, considerando que uno de los tipos de liderazgo predominantes en las instituciones europeas según la literatura contemporánea es el liderazgo como poder blando, la oradora incorpora elementos del mismo al utilizar un lenguaje emotivo con el propósito de inspirar y fomentar la adhesión de valores y objetivos de la Unión Europea. Este aspecto se observa al tratar el tema de la crisis sanitaria:

> Un virus mil veces más pequeño que un grano de arena nos ha dejado claro lo delicada que puede ser la vida. Ha revelado las deficiencias de nuestros sistemas sanitarios y los límites de un modelo que valora la riqueza por encima del bienestar. (…). Nos ha mostrado la fragilidad en la que realmente se asienta nuestra comunidad de valores, y lo rápido que puede ponerse en cuestión tanto en el resto del mundo como incluso dentro de nuestra propia Unión. Sin embargo, la gente quiere salir de este mundo del coronavirus, de la fragilidad y la incertidumbre: está lista para el cambio y lista para avanzar (von der Leyen, 2020, pp. 2-3).

Además, su capacidad para establecer conexiones personales con la audiencia y adaptar su discurso a contextos culturales diversos refuerzan su influencia y habilidad para ejercer un poder blando en el ámbito internacional, lo que se puede apreciar en la quinta parte del discurso al abordar la cuestión migratoria y de asilo:

> Tenemos que establecer una línea divisoria clara entre los que tienen derecho a quedarse y los que no. Tomaremos iniciativas para luchar contra los traficantes, reforzar las fronteras exteriores, afianzar nuestras asociaciones externas y crear vías legales. Y nos aseguraremos de que las personas que tengan derecho a quedarse se integren y se sientan bienvenidos. (…). Pienso en Suadd, la refugiada siria que llegó a Europa como adolescente con el sueño de convertirse en médico. En tres años recibió una prestigiosa beca del *Royal College of Surgeons* de Irlanda. Pienso en los médicos libios y somalíes refugiados que ofrecieron sus conocimientos médicos cuando la pandemia sacudió Francia (von der Leyen, 2020, p. 22).

Así, lo dispuesto anteriormente también se alinea con las características asociadas al estilo retórico femenino. Mediante la adaptación de su mensaje, la oradora demuestra una sensibilidad distintiva de este estilo, lo cual no solo refuerza su influencia y habilidad para ejercer un poder blando en el ámbito internacional, sino que también resalta su capacidad para abordar temas delicados y complejos, como la cuestión migratoria y de asilo, de una manera inclusiva y comprensiva.

4.1.3. Análisis de los conceptos de rol estilístico y político de Dan Nimmo y Robert Savage

Junto con la teoría del poder blando y duro desarrollada por Joseph Nye (2011), los conceptos de rol estilístico y político desarrollados por Dan Nimmo y Robert Savage (1976) constituyen marcos teóricos fundamentales en el análisis de la comunicación política. Por un lado, el rol político se centra en el contenido y la sustancia del mensaje político, abarcando los valores, objetivos y estrategias expresadas por los líderes con la finalidad de obtener apoyo para una causa política específica. En el discurso, este rol utiliza argumentos racionales, evidencia factual y lógica, así como técnicas de persuasión como la apelación a la autoridad, el uso de estadísticas o ejemplos concretos. Además, al adoptar este rol, el líder busca influir en la opinión pública, molder políticas y decisiones gubernamentales y fortalecer la posición del orador dentro del contexto político.

Por otro lado, el rol estilístico se refiere a cómo los lideres políticos emplean su estilo comunicativo para conectar con sus oyentes y construir su imagen política. En el discurso, este rol busca impactar emocionalmente a la audiencia y crear una conexión con ella mediante el uso de metáforas, así como técnicas literarias y retóricas centradas en el estilo y estética del lenguaje. Al adoptar este rol, el líder busca inspirar y motivar a la audiencia dejando de esta manera una impresión duradera a través del uso creativo del lenguaje.

Con respecto al primer rol, se puede observar cómo en este discurso Ursula von der Leyen refleja un fuerte compromiso con los valores y objetivos de la Unión Europea, así como una clara visión de futuro para el proyecto europeo. Un ejemplo de ello es su énfasis en la defensa de los derechos humanos como fundamentos esenciales de la Unión, subrayando la imposibilidad de retroceder en esta cuestión:

> Creemos en el valor universal de la democracia y los derechos de las personas. Europa no está exenta de problemas (pensemos, por ejemplo, en el antisemitismo). Pero los debatimos públicamente. La crítica y la oposición no solo se aceptan, sino que están protegidas jurídicamente. Por ello, debemos denunciar todas las violaciones de los derechos humanos, independientemente de cuándo y dónde se produzcan, ya sea en Hong Kong o con los uigures (von der Leyen, 2020, p. 17).

En consonancia con lo anterior, la Presidenta defiende los derechos de las personas LGTBIQ rechazando la existencia de las denominadas "zonas libres de LGBTIQ" dentro de la Unión. Asimismo, aboga por la defensa del Estado de Derecho, otro de los valores fundamentales de la Unión, adoptando un tono imperativo al respecto:

> Las violaciones del Estado de Derecho no se pueden tolerar. Seguiré defendiéndolo y propugnando la integridad de nuestras instituciones europeas. Ya se trate de la primacía del Derecho de la Unión, de la libertad de prensa, de la independencia del poder judicial o de la venta de pasaportes dorados. Los valores europeos no están en venta (von der Leyen, 2020, p. 23).

Por su parte, el rol estilístico se encuentra estrechamente asociado con las características del estilo retórico femenino, con las que se ha probado anteriormente que Ursula von der Leyen muestra un estilo comunicativo que combina la empatía, cercanía y la capacidad de conectar emocionalmente con la audiencia, lo que refuerza su imagen como líder accesible y comprometida con las preocupaciones de los ciudadanos europeos:

> Podríamos hablar de los millones de jóvenes que han exigido cambios para un planeta mejor. O de los cientos de miles de preciosos arcoíris de solidaridad colocados por nuestros hijos en las ventanas de toda Europa. Pero en estos últimos difíciles seis meses hay una imagen que ha quedado grabada en mi memoria. Una imagen que capta el mundo a través de los ojos de los niños. Es la imagen de Carola y Vittoria. Las dos niñas jugando al tenis entre las azoteas de Liguria, en Italia. No solo llaman la atención la valentía y el talento de las niñas, sino la lección que nos enseñan (von der Leyen, 2020, p. 26).

Esto le permite ejercer una influencia efectiva en la percepción pública y en la construcción de su imagen política como líder dentro de la Unión Europea. Esta habilidad comunicativa se manifiesta al finalizar su discurso con las siguientes palabras (von der Leyen, 2020, p. 26): "El futuro será lo que de él hagamos. Y Europa será lo que queramos que sea. Así que dejemos de infravalorarla y pongámonos manos a la obra. Hagámosla fuerte. Y construyamos el mundo en el que queremos vivir". Con ello, una vez más, se destaca su capacidad para dirigirse a la audiencia como iguales, involucrándola y concluyendo así el discurso con una percepción de cercanía y un tono personal.

4.2. Cuarto discurso sobre el Estado de la Unión 2023

El 13 de septiembre de 2023, Ursula von der Leyen pronunció su cuarto SOTEU en calidad de Presidenta de la Comisión Europea, en el que volvió a abordar diversos temas cruciales para el futuro de Europa.

Durante su intervención, von der Leyen resaltó la importancia de las elecciones europeas de junio de 2021, haciendo hincapié en su influencia en áreas como la geopolítica, el cambio climático y la transición digital. Además, destacó la relevancia de los jóvenes votantes y los desafíos que enfrentan, instando a una reflexión sobre el legado histórico de Europa. Por otro lado, la Presidenta reafirmó el compromiso de la UE con el Pacto Verde Europeo, resaltado los avances en la transición hacia una economía más sostenible y anunciando nuevas medidas para respaldar la transición de las empresas hacia prácticas más limpias. Asimismo, abogó por una competencia justa en el mercado y anunció investigaciones sobre prácticas comerciales desleales.

Von der Leyen también prestó atención al equilibrio en la protección del medio ambiente con la seguridad alimentaria y anunció planes para un diálogo estratégico sobre el futuro de la agricultura en la UE. Además, subrayó la importancia de liderar en áreas como la transformación digital y destacó los acuerdos de libre comercio como parte de los esfuerzos de la UE para fortalecer sus relaciones internacionales y apoyar el desarrollo económico en otras regiones, en línea con el discurso de 2020.

Durante la redacción y lectura del SOTEU de 2023, uno de los conflictos con mayor impacto para la UE fue la guerra de Ucrania. Respecto a ella, la Presidenta anunció medidas de apoyo a Ucrania, que incluyen una ampliación de la protección temporal para los ciudadanos ucranianos en la UE y un paquete de inversión para contribuir a la reconstrucción del país. Finalmente, manifestó la disposición de la UE para futuras adhesiones, abriendo la puerta a la posible incorporación de Ucrania, Moldavia o los Balcanes Occidentales, cuya relación con estos últimos fue abordada también en el discurso de 2020.

Con todo, este discurso marcó un cambio de perspectiva en los últimos momentos del mandato de Ursula von der Leyen como Presidenta de la Comisión influenciado por el contexto de ese período y constituyó un discurso importante de cara a uno de los eventos más significativos para el futuro de la Unión en el próximo año como las elecciones de 2024.

4.2.1. Análisis de las características del estilo retórico femenino

Al igual que en el discurso anterior, en el SOTEU de 2023, se pueden observar varias características distintivas del estilo retórico femenino. En consonancia con la estructura de análisis del discurso de 2020, cabe destacar, en primer lugar, el deseo de involucrar a los oyentes, siendo el discurso dirigido principalmente a los ciudadanos europeos de nuevo, según lo señalado por Campbell (1989) y Quevedo (2021). Este elemento no se limita únicamente al uso de la primera persona del plural, ya sea en calidad de Presidenta de la Comisión o como representante de la propia Institución, sino que también se manifiesta en la manera en que se dirige directamente a parte de la audiencia y reconocer la importancia de su labor para el resto de los ciudadanos, incluyéndose a sí misma:

> Hoy quiero expresar mi agradecimiento a nuestros agricultores y darles las gracias por proveernos de alimentos día a día. Producir alimentos sanos: para nosotros, los europeos, esta función de la agricultura constituye la base de nuestra política agrícola. También es importante la independencia en el aprovisionamiento de alimentos; y esto es posible gracias a nuestros agricultores (von der Leyen, 2023, p. 5).

Por otro lado, se señala el hecho de dirigirse a los oyentes como iguales, así como respetar e identificarse con sus experiencias personales, conforme a lo planteado por Campbell (1989). Estas características se evidencian con el ejemplo anterior, donde la oradora reconoce y agradece el trabajo de los agricultores. No obstante, también puede observarse en la parte del discurso titulada *Economía, política social y competitividad*, en la que Ursula von der Leyen se dirige a los jóvenes, padres y madres que enfrentan dificultades para conciliar la vida familiar, educativa y profesional:

Al mismo tiempo, millones de padres y madres (en su mayoría madres) tienen dificultades para conciliar la vida profesional y familiar, porque no hay servicios de atención infantil. Y hay 8 millones de jóvenes que ni estudian, ni trabajan, ni reciben formación. Sus sueños están en suspenso, sus vidas en modo de espera. Esto no solo causa mucha angustia personal, sino que representa uno de los frenos más importantes para nuestra competitividad (von der Leyen, 2023, pp. 6-7).

También, se observa en la parte dedicada al *Pacto Verde Europeo*, a la hora de abordar la competencia desleal, donde se aprecian los dos rasgos propios del estilo retórico femenino previamente mencionados:

Con demasiada frecuencia, nuestras empresas se ven excluidas de los mercados extranjeros o son víctimas de prácticas predatorias. A menudo les es imposible igualar la oferta de competidores que se benefician de cuantiosas subvenciones estatales. No hemos olvidado la forma en que las desleales prácticas comerciales de China afectaron a nuestra industria solar. Muchas empresas jóvenes fueron expulsadas del mercado por la competencia china, destinataria de fuertes subvenciones. Empresas pioneras se declararon en quiebra. Prometedores y talentosos profesionales emigraron en busca de mejores oportunidades (von der Leyen, 2023, p. 4).

Por otra parte, en consonancia con Quevedo (2021), se observa que Ursula von der Leyen omite el uso del tuteo este discurso. En cambio, sí se evidencia la cuarta característica planteada por Bonnafous (2003), que consiste en la manifestación regular de una actitud de benevolencia y solidaridad. En esta línea, se destaca la primera característica propuesta por la mencionada autora, la cual implica el rechazo explícito del maniqueísmo en el discurso, definido y explicado con anterioridad. Este aspecto se ilustra mediante el ejemplo previo.

En este discurso, von der Leyen muestra una postura firme e inflexible frente a las prácticas desleales que, como se ha señalado, no solo afectan a la industria solar europea, sino también a otros sectores industriales de gran relevancia como, por ejemplo, el de los vehículos eléctricos:

Se trata de un sector crucial para la economía limpia que encierra un inmenso potencial para Europa. Pero los mercados mundiales se encuentran ahora inundados de coches eléctricos chinos, más baratos, ya que su precio se mantiene artificialmente rebajado por cuantiosas subvenciones públicas. Estas prácticas falsean nuestro mercado. (…). Tenemos que defendernos de las prácticas desleales. Pero es igualmente vital que mantengamos abiertas las líneas de comunicación y diálogo con China. Porque también hay temas en los que podemos y debemos cooperar (von der Leyen, 2023, pp. 4-5).

Estas palabras evidencian cómo la postura de la Presidenta en el SOTEU de 2020, donde se presenta como una "firme defensora de la negociación colectiva", se reitera en el SOTEU de 2023. Además, esta postura se refleja nuevamente en la relación entre China y la UE. Como se ha mencionado, a pesar de las notables disparidades entre ambos, la Presidenta aboga por mantener abiertas las líneas de comunicación y negociación, así como fomentar el diálogo entre las dos partes.

Así, también es importante destacar el señalamiento directo hacia Rusia y la consideración del mismo como un actor con el que es prácticamente imposible alcanzar un entendimiento, teniendo en cuenta que Rusia invadió a Ucrania en 2022, un año antes al pronunciamiento de este discurso. En relación a este punto, cabe mencionar la tercera característica de Bonnafous (2003): el empleo restringido de la ironía y la agresividad hacia los opositores, así como la manifestación de evitar avivar controversias. En este discurso, una vez más, von der Leyen se abstiene de utilizar la ironía como recurso discursivo, pero sí emplea palabras claras y directas, cuyo mensaje no da margen a equívocos, reflejando así la postura de la Unión Europea frente a Rusia:

O piensen en la región del Sahel, una de las más pobres y, aun así, de más rápido crecimiento demográfico. La sucesión de golpes militares prefigura para la región una perspectiva de años de mayor inestabilidad. Rusia está influyendo en el caos y beneficiándose de él. Y la región se ha convertido en terreno abonado para el ascenso del terrorismo. Esta situación supone una preocupación directa para Europa, para nuestra seguridad y nuestra prosperidad. (…). La historia no se detiene. Rusia está librando una guerra total contra los principios fundacionales de la Carta de las Naciones Unidas (von der Leyen, 2023, p. 11).

Siguiendo con la cuestión de Rusia, la oradora recurre a diálogos más o menos ficticios, aspecto que constituye el quinto rasgo característico del estilo retórico femenino según la autora (2003). Este recurso se evidencia claramente al inicio del apartado sobre *Ucrania*, donde además emplea un lenguaje que apela directamente a la emoción:

El día en que los tanques rusos cruzaron la frontera con Ucrania, una joven madre ucraniana partió hacia Praga para llevar a su hijo a un lugar seguro. Cuando el guardia de fronteras checo selló su pasaporte, la joven rompió a llorar. Su hijo no lo entendía y le preguntó a su madre por qué lloraba. Ella respondió: «Porque estamos en casa».

«Pero esto no es Ucrania», replicó él. Así que ella le explicó: «Esto es Europa». Ese día, esa madre ucraniana sintió que Europa era su hogar. Porque «donde reina la confianza, allí está el hogar». Y el pueblo de Ucrania pudo confiar en sus conciudadanos europeos. Su nombre era Victoria Amelina. Era una de las grandes jóvenes escritoras de su generación y una incansable activista por la justicia. Una vez que su hijo estuvo a salvo, Victoria regresó a Ucrania para documentar los crímenes de guerra cometidos por Rusia. Un año más tarde fue asesinada por un misil balístico ruso, mientras cenaba con sus colegas. Víctima de un crimen de guerra ruso, uno de los innumerables ataques contra civiles inocentes (von der Leyen, 2023, pp. 13-14).

Por otro lado, de acuerdo con Quevedo (2021), Ursula von der Leyen emplea nombres propios para dirigirse directamente a figuras políticas como Christine Lagarde (p. 7) o Mario Draghi (p. 9), lo cual coincide en el SOTEU de 2020. Asimismo, en línea con la estructura inductiva, característica que también comparte con los parámetros de Campbell (1989), la oradora reserva la exposición de la idea principal para el cierre. Por ejemplo, cuando aborda la situación en el Sahel y cómo Rusia ejerce una gran influencia en esta región:

Por eso debemos mostrar hacia África la misma unidad de propósito que hemos mostrado ante Ucrania. Debemos centrarnos en la cooperación con los gobiernos legítimos y las organizaciones regionales. Y debemos desarrollar una asociación mutuamente beneficiosa que se centre en cuestiones de interés común para Europa y para África. Esta es la razón por la que, junto con el alto representante Borrell, trabajaremos en un nuevo enfoque estratégico que podamos sacar adelante en la próxima Cumbre UE-UA (von der Leyen, 2023, p. 11).

Por último, las tres autoras (1989; 2003; 2021) concuerdan en la utilización de relatos anecdóticos, experiencias personales y expresiones ancladas a la vida cotidiana. En este contexto, la oradora omite cualquier referencia a experiencias personales, a diferencia de lo observado en el SOTEU 2020. Aunque, von der Leyen (2023, pp. 17-18) sí repasa la historia de la Unión Europea, desde sus inicios hasta su presente y sus retos futuros, empleando un lenguaje cercano, personal y, de nuevo, emotivo: "Es el momento de mostrarles que podemos construir un continente donde uno pueda ser quien es, amar a quien quiera y aspirar a todo lo que desee. (...). Un continente unido en libertad y paz. De nuevo, este es el momento de que Europa responda a la llamada de la historia".

4.2.2. Análisis de los conceptos de poder blando y duro de Joseph Nye

Nuevamente, al igual que en el discurso de 2020, en este discurso también se puede apreciar una combinación de poder blando y duro. En relación al poder duro, la Presidenta se apoya en argumentos sólidos, denotando así el ejercicio de un poder duro fundamentado en su capacidad organizativa. Este matiz se hace evidente en el apartado sobre la *Tecnología Digital e Inteligencia Artificial* (IA), donde la oradora enfatiza la necesidad de que Europa tome la delantera en la formulación de un nuevo marco legislativo mundial para la IA:

Creo que Europa, junto con sus socios, debe asumir la iniciativa en la definición de un nuevo marco mundial para la IA, basado en tres pilares: barreras de protección, gobernanza y orientación de la innovación. En primer lugar, las barreras de protección. (...). El segundo pilar es la gobernanza. (...). El tercer pilar es orientar la innovación de manera responsable (von der Leyen, 2023, p. 10).

También, se manifiesta en la convicción de la Presidenta en la inevitable futura ampliación de la Unión, incluyendo a países como Ucrania o Moldavia:

Esta Cámara lo ha dicho alto y claro: el futuro de Ucrania está en nuestra Unión. El futuro de los Balcanes Occidentales está en nuestra Unión. El futuro de Moldavia está en nuestra Unión. (...). Y siempre apoyaré a esta Cámara, y a todos aquellos que quieren reformar la UE para que funcione mejor para los ciudadanos. Y, sí, ¡eso puede implicar una Convención Europea y una modificación del Tratado si es necesario! Pero no podemos –y no debemos– esperar a la modificación del Tratado para avanzar en la ampliación (von der Leyen, 2023, pp. 15-16).

Esta declaración refleja un respaldo explícito a la perspectiva de que estos países podrían eventualmente acceder al estatus de miembros de pleno derecho de la Unión Europea, lo que conlleva considerar la posibilidad de convocar una Convención Europea o realizar modificaciones en los Tratados. En otras palabras, se contempla la implementación de cambios estructurales si resultan necesarios para mejorar el funcionamiento de la UE y fortalecer su capacidad de adaptación a nuevas realidades. Este posicionamiento exhibe la capacidad de Ursula von der Leyen para influir en su papel como Presidenta de la Comisión, caracterizando así un ejercicio del poder duro.

En cuanto al poder blando, la oradora presenta una visión alternativa de la realidad, utilizando recursos intangibles como la atracción. Este aspecto se observa especialmente al final del discurso, cuando hablar sobre el futuro deseado de la Unión:

> Victoria Amelina creía que es nuestro deber colectivo escribir un nuevo relato para Europa. Esta es la situación de Europa a día de hoy, en un momento y lugar en los que se escribe la historia. El futuro de nuestro continente depende de las decisiones que tomemos hoy, de los pasos que demos para completar nuestra Unión. Los ciudadanos de Europa quieren una Unión que los defienda en una época de gran competencia por el poder, pero también que los proteja y sea cercana, como socia y aliada en sus batallas cotidianas. Y escucharemos su voz. Si es importante para los europeos, es importante para Europa (von der Leyen, 2023, p. 17).

Por otro lado, como se ha señalado anteriormente, el poder blando está estrechamente vinculado con las características del estilo retórico femenino. Aunque es cierto que en este discurso se han identificado menos rasgos propios de la retórica femenina en comparación con el de 2020, se ha destacado igualmente la capacidad de habilidades comunicativas de la Presidenta:

> En poco menos de trescientos días, Europa acudirá a las urnas en ejercicio de nuestra singular y extraordinaria democracia. (…). Entre esos votantes habrá millones de personas recién incorporadas al censo: las más jóvenes serán las nacidas en 2008. Cuando se dirijan al colegio electoral, pensarán en las cosas que les importan. Pensarán en esa guerra que está causando estragos junto a nuestras fronteras. Pensarán, quizá, en las consecuencias destructivas del cambio climático. En la influencia que la inteligencia artificial tendrá en sus vidas. O en sus posibilidades de conseguir una vivienda o un puesto de trabajo en los próximos años. (…). Cada vez que hablo con jóvenes de la nueva generación, percibo esa misma visión de un futuro mejor. Ese mismo deseo ardiente de construir algo mejor (von der Leyen, 2023, p. 1).

Con ello, la Presidenta de la Comisión demuestra nuevamente su capacidad para ejercer el poder blando en política al dirigirse a los ciudadanos europeos, especialmente a los más jóvenes, de una manera persuasiva y emotiva. Al resaltar la importancia de las próximas elecciones europeas, las preocupaciones de los jóvenes como el cambio climático o la guerra, Ursula von der Leyen establece un vínculo emocional con su audiencia. Así, al tratar la visión de un futuro mejor compartida por los jóvenes y su deseo de contribuir a construirlo, apela a los valores compartidos y a la esperanza en el progreso y la mejora continua. En consecuencia, un enfoque característico del poder blando ya que busca influir en las percepciones y actitudes de las personas mediante la persuasión e identificación con sus aspiraciones y preocupaciones.

4.2.3. Análisis de los conceptos de rol estilístico y político de Dan Nimmo y Robert Savage

Una ez más, al igual que en el discurso de 2020, en el SOTEU de 2023 también se manifiesta una combinación del rol político y estilístico. En referencia al primero, como líder especializado en las tareas, la Presidenta reconoce y aprecia, al comienzo del discurso, el trabajo conjunto del Parlamento, los Estados miembros y y equipo en la implementación de orientaciones políticas presentadas al inicio de su mandato:

> Gracias a este Parlamento, a los Estados miembros y a mi equipo de comisarios y comisarias, hemos llevado a la práctica más del 90 % de las orientaciones políticas que presenté en 2019. Juntos, hemos demostrado que cuando se muestra audaz, Europa obtiene resultados. Pero aún nos queda mucho por hacer, así que mantengámonos unidos. Respondamos hoy y preparemos el mañana (von der Leyen, 2023, p. 2).

Asimismo, al instar a mantener la unidad y a avanzar ante los desafíos futuros, von der Leyen expresa su compromiso con el progreso continuo y la preparación para los desafíos venideros, lo que resalta su habilidad para movilizar a diferentes actores políticos hacia un objetivo común, demostrando así su eficacia en el desempeño del rol político.

Por su parte, la Presidenta exhibe el ejercicio del rol político al buscar soluciones con determinación. Además, presenta un firme compromiso moral y político con la protección de los derechos humanos y la lucha contra la explotación de personas. También demuestra una vez más su capacidad para la movilización a nivel internacional para abordar el problema global de la trata de personas. En este sentido, adopta un tono inflexible al respecto:

> Y tenemos que trabajar con nuestros socios para hacer frente a esta lacra mundial que es la trata de seres humanos. Esta es la razón por la que la Comisión organizará una Conferencia Internacional sobre la Lucha contra el Tráfico Ilícito de Personas. ¡Ha llegado el momento de poner fin a este negocio cruel y delictivo! (von der Leyen, 2023, p. 13).

En cambio, el rol estilístico está íntimamente vinculado con el poder blando y las características del estilo retórico femenino. Se ha demostrado previamente que Ursula von der Leyen tiene un estilo comunicativo que fusiona la cercanía al utilizar un lenguaje emotivo y empático:

> Estaremos al lado de Ucrania en todas las etapas del camino. Durante el tiempo que sea necesario. Desde el inicio de la guerra, cuatro millones de ucranianos han encontrado refugio en nuestra Unión. Y quiero decirles que son tan bienvenidos ahora como lo fueron en esas fatídicas primeras semanas. Nos hemos asegurado de que tengan acceso a la vivienda, la atención médica, el mercado laboral y mucho más (von der Leyen, 2023, p. 14).

De esta manera, al afirmar que la Unión Europea estará al lado de Ucrania en todas las etapas del camino y durante el tiempo que sea necesario, la Presidenta demuestra solidaridad y apoyo continuo hacia dicho país. Además, al reconocer la difícil situación de los cuatro millones de ucranianos que han buscado refugio en la UE desde el inicio de la guerra, transmite un mensaje de acogida y compasión. Asimismo, al compartir la historia del escritor colombiano Héctor Abad Faciolince, amigo de Victoria Amelina, víctima de un crimen de guerra ruso y cuya historia se ha tratado anteriormente, Ursula von der Leyen continúa así:

> Pero Héctor nunca pudo imaginar que se convertiría en un objetivo. Posteriormente, dijo que no sabía por qué él vivía y ella había muerto. Y es para mí un gran honor que Héctor esté hoy aquí con nosotros. Y quiero que sepa usted que mantendremos vivo el recuerdo de Victoria y de todas las demás víctimas. Aguanta, Ucrania. *Slava Ukraini*! (von der Leyen, 2023, p. 14).

En conclusión, se resalta nuevamente la habilidad de Ursula von der Leyen para comunicar un mensaje emotivo y solidario, estableciendo así un vínculo emocional con la audiencia. Esta capacidad le permite mostrar empatía y sensibilidad hacia el sufrimiento de las personas afectadas por la guerra, cualidades que, de acuerdo con la teoría del rol estilístico, definen la humanidad del líder.

Conclusiones

Tras un estudio exhaustivo sobre el estilo retórico de la actual Presidenta de la Comisión Europea, Ursula von der Leyen, se indican las siguientes conclusiones que permiten validar o refutar la hipótesis de partida e hipótesis secundaria del presente Trabajo Fin de Máster:

A lo largo de los años, las características tradicionalmente atribuidas al estilo retórico femenino apenas han experimentado cambios significativos en su ámbito de estudio. Así, desde su origen, estas características han estado estrechamente ligadas a la inteligencia emocional, las habilidades comunicativas y un tono cercano y personal adoptado por el líder. Estas características, presentes en mayor o menor medida, se pueden observar en los dos discursos analizados sobre el Estado de la Unión pronunciados por Ursula von der Leyen.

Sin embargo, el hecho de que en sus discursos muestre una inclinación hacia la retórica femenina no implica que no pueda adoptar también elementos propios de sus predecesores varones en su estilo retórico. Esta cuestión no ha sido objeto de análisis en el presente Trabajo debido a las limitaciones del mismo.

En el discurso sobre el Estado de la Unión de 2020, el cual fue el primero pronunciado por la Presidenta de la Comisión durante su mandato, se ha observado una presencia mayor de características típicas de la retórica femenina en comparación con su cuarto discurso pronunciado en 2023. En este último, la Presidenta empleó un lenguaje menos emocional y más alineado con las características asociadas tradicionalmente a la retórica femenina. Esta distinción podría explicarse mediante dos razones: por el impacto del SOTEU de 2020 como primer discurso de su mandato, o bien, por el contexto geopolítico de ese momento haciendo referencia a la guerra de Ucrania, lo que ha generado relaciones, diálogos y negociaciones diplomáticas más delicadas, pero cruciales, como consecuencia directa.

Tanto en el SOTEU de 2020 como en el SOTEU de 2023, se ha observado cómo Ursula von der Leyen se dirige a los ciudadanos europeos como receptores principales de su discurso, ya sea de manera directa o indirecta. Este enfoque le permite establecer una conexión más estrecha con la audiencia, lo cual es fundamental de acuerdo con las características del estilo retórico femenino.

A pesar de identificar características de la retórica femenina en ambos discursos, es importante destacar que ninguno de ellos cumple plenamente con todas las características, particularmente en el caso del discurso de 2023. En este último, se observa la ausencia significativa de una de las características más importantes: compartir experiencias personales y anécdotas de la vida cotidiana. Esta omisión dificulta en gran medida la conexión de la Presidenta con los receptores principales de su discurso, es decir, los ciudadanos europeos.

Los resultados del presente Trabajo Fin de Máster refutan la hipótesis de partida ya que, según el análisis realizado, se observa que la retórica empleada por la actual Presidenta de la Comisión, Ursula von der Leyen, incorpora en gran medida elementos asociados a la retórica femenina. En el discurso de 2020, se han identificado la mayoría de los elementos característicos del estilo retórico femenino utilizados como parámetros, con la excepción de uno: el uso limitado de la agresividad y la manifestación de evitar polémicas. Respecto al SOTEU de 2023, se han identificado un menor número de características, entre las que destacan el uso del tuteo, la limitación en el uso de la agresividad junto con la manifestación de no avivar polémicas, y la inclusión experiencias personales o relatos vinculados a la vida cotidiana y real.

Con el fin de proporcionar un estudio más completo del estilo retórico de Ursula von der Leyen y en consonancia con la hipótesis de partida, se han empleado además otros parámetros como los conceptos de poder blando y duro, así como los conceptos de rol estilístico y político. De este modo, se ha analizado tanto su retórica como mujer como su retórica como figura política. Con esto, se han identificado los cuatro conceptos utilizados como parámetros de referencia en ambos discursos.

No obstante, se ha observado una mayor inclinación hacia el concepto de poder blando en comparación con el concepto de poder duro. Esto puede explicarse por dos razones clave. En primer lugar, según la literatura contemporánea, uno de los tipos de liderazgo predominantes en las instituciones europeas es aquel como poder blando. En segundo lugar, el poder blando está indirectamente vinculado a los rasgos característicos de la retórica femenina, las cuales están presentes en los dos discursos analizados. En lo que respecta al poder duro, este se ha manifestado principalmente en la defensa de los derechos humanos, valores y objetivos de la Unión, tanto como Presidenta de la Comisión, así como representante de la Unión Europea.

Por otra parte, se ha observado un equilibrio entre el concepto de rol estilístico y rol político. En cuanto al rol estilístico, se ha evidenciado la capacidad de Ursula von der Leyen para comunicar y conectar con su audiencia, transmitiendo así cercanía. Con respecto al rol político, se ha destacado la capacidad de la presidenta de la Comisión para gestionar eficazmente y representar los intereses de la Unión Europea, demostrando experiencia y logros fundamentales para su credibilidad.

Los resultados del presente Trabajo de Fin de Máster validan la hipótesis secundaria ya que se ha podido evidenciar que el estilo retórico de la actual Presidenta de la Comisión, Ursula von der Leyen, tanto en el discurso sobre el Estado de la Unión de 2020 como en el de 2023, se caracteriza por combinar un rol estilístico como un rol político, logrando un equilibrio entre ambos aspectos. Además, se ha observado la presencia de los conceptos de poder blando y duro, con una tendencia hacia el primero de ellos.

Referencias bibliográficas

Abels, G., y Mushaben, J. M. (2020). Great expectations, structural limitations: Ursula von der Leyen and the Commission's New equality agenda. *JCMS: journal of common market studies, 58*, 121-132.

Adonis, A. (2021). Europe's second-rate first lady. *Portrait*, 29-33.

Albaladejo, T. (1999). Retórica y oralidad. *Oralia: análisis del discurso oral, 2*, 7-25.

Albaladejo, T. (2009). Retórica de la comunicación y retórica en sociedad. *Crisis de la historia*, 39-58.

Barón, M. (1989). El modelo de contingencia de Fiedler en procesos de fabricación progresiva. *Revista de psicologia social, 4*(2), 139-150.

Bateson, G. (1972). *Pasos hacia una ecología de la mente. Una aproximación revolucionaria a la autocomprensión del hombre*. Buenos Aires: Lohlé-Lumen.

Beach, D., y Mazzucelli, C. (2007). *Leadership in the Big Bangs of European Integration*. Basingstoke: Palgrave Macmillan.

Blázquez, B. (2007). Reflexiones en torno al concepto de liderazgo desde una perspectiva de género. En *Igualdad de oportunidades y conciliación: una visión multidisciplinar*, 73-92. Universidad de Jaén.

Bonnafous, S. (2003). Femme politique: une question de genre? *Réseaux, 120*, 119-145.

Campbell, K. K. (1989). *Man Cannot Speak for Her: Volume I; A Critical Study of Early Feminist Rhetoric*. Virginia: Praeger.

Canel, M. (2006). Comunicación política. *Una guía para su estudio y práctica*. Madrid: Tecnos.

Carroll, S. J. (1985). *Women as Candidate in American Politics*. Bloomington: Indiana University Press.

Cini, M. (2008). Political leadership in the European commission: the Santer and Prodi commissions, 1995–2005. *Leaderless Europe*, 113-130.

Comisión Europea. (2023). *Public Opinion in the European Union*. https://europa.eu/ eurobarometer/surveys/ detail/3053

Comisión Europea. (2024). *Ursula von der Leyen. President (2019-2024)*. https:// commissioners.ec.europa.eu/ ursula-von-der-leyen_en

Covey, S. (2005). *El octavo hábito. De la efectividad a la grandeza*. Buenos Aires, Argentina: Paidós.

Cuesta, U. (2000). *Psicología Social de la Comunicación*. Madrid, Cátedra.

D'Alessandro, M. (2006). Liderazgo político. *L. Aznar y M. De Luca (coords.), Política. Cuestiones y problemas*, 305-336.

Darcy, R., Welch, S., y Clark, J. (1987). *Women, electronics, and representation*. Nueva York: Longmans.

Dausend, P., y Niejahr, E. (2015). *Operation Röschen: Das System von der Leyen*. Frankfurt: Campus.

Delgado, S. (2000). Retórica y comunicación política. *Revista de estudios políticos, 109*, 380-383.

Díez, E., Flórez, R., Bañuelos, E., y Suárez, B. (2003). El liderazgo femenino y su ejercicio en las organizaciones educativas. *Revista Iberoamericana de Educación, 33*(3), 1-19.

Dinan, D. (2016). Governance and Institutions: A More Political Commission. *Journal of Common Market Studies, 54*(1), 101–16.

Doña, K. (2004). *Liderazgo femenino: ¿mito o realidad?* Universidad de Chile.

Endo, K. (1999). *The presidency of the European Commission under Jacques Delors. The Politics of shared leadership*. Oxford: Macmillan Press.

EUR-Lex. (2024). *Presidente de la Comisión Europea.* https://eur-lex.europa.eu/ES/ legal-content/glossary/president-of-the-european-commission.html

Fernández, M. (2007). Discurso y sexo. Comunicación, seducción y persuasión en el discurso de las mujeres. *Revista de Investigación Lingüística, 10*, 55–82.

Martin, Á. P. (2022). *El liderazgo de las mujeres en la política: una perspectiva contemporánea.* Tesis Doctoral: Universitat Rovira i Virgili.

Fisher, H. (2000). *El primer sexo: las capacidades innatas de las mujeres y cómo están cambiando en el mundo.* Grupo Santillana.

Gil, X. (2012). *De retórica: la comunicación persuasiva* (Vol. 214). Editorial UOC. Goleman, D. (1999). Qué define a un líder. *Harvard Business Review, 29*, 1-16.

Gómez, R. (2008). El liderazgo empresarial para la innovación tecnológica en las micro, pequeñas y medianas empresas. *Pensamiento y Gestión, 24*, 157-194.

González, C., y Martínez, J. P. (2023). *Barómetro del Real Instituto Elcano. Resultados de febrero-marzo de 2023, 43ª oleada.* Real Instituto Elcano. https:// www.realinstitutoelcano.org/encuestas/43-oleada-brie-abril-2023/

Jesuíno, J. C. (1981). Leituras. *PSICOLOGIA, 2*(4), 407-411.

Kassim, H., Peterson, J., Bauer, M. W., Connolly, S., Dehousse, R., Hooghe, L., y Thompson, A. (2013). *The European Commission of the twenty-first century.* Oxford: Oxford University Press.

Kreppel, A., y Buket, O. (2017). Leading the Band or Just Playing the Tune?: Reassessing the Agenda-Setting Powers of the European Commission. *Comparative Political Studies, 50*(8), 1118-1150.

Labourdette, S., y Scaricabarozzi, R. (2010). Hacia un nuevo concepto de liderazgo. *Orientación y sociedad, 10.*

Lackoff, G. (2007) *No pienses en un elefante.* Madrid: Editorial Complutense.

Masullo, J. (2011). La conceptualización del poder de Joseph Nye: el poder blando. *Sobre el poder blando y el biopoder: Evaluando el potencial impacto y limitaciones de M. Foucault en las RI*, 7-14.

McNamara, K. R. (2010). The Eurocrisis and the uncertain future of European integration. *Council on Foreign Relations Working Paper.*

Melizo, F. (1990). Del lenguaje y la política. *El idioma español en las agencias de prensa.* Madrid: Fundación Germán Sánchez Ruipérez, 133-144.

Morin, E. (1986). *El Método III. El conocimiento del conocimiento.* Madrid: Cátedra.

Morris, R. T., y Seeman, M. (1950). The problem of leadership: An interdisciplinary approach. *American Journal of Sociology, 56*(2), 149-155.

Moscovici, S. (1993). *La era de las multitudes: un tratado histórico de psicología de las masas,* Buenos Aires: FCE.

Müller, H. (2020). *Political leadership and the European Commission presidency.* Oxford University Press.

Müller, H., y Van Esch, F. A. (2020). The contested nature of political leadership in the European Union: conceptual and methodological cross-fertilisation. *West European Politics, 43*(5), 1051-1071.

Müller, H., y Tömmel, I. (Eds.). (2022). *Women and leadership in the European Union.* Oxford University Press.

Müller, J., y Thieme, A. (2020). The Appointment of the President of the European Commission 2019: A Toothless European Parliament? *Springer Fachmedien Wiesbaden*, 181-190.

Mushaben, J. M. (2022). Against all odds: Angela Merkel, Ursula von der Leyen, Anngret Kramp-Karrenbauer and the German paradox of female CDU leadership. *German Politics, 31*(1), 20-39.

Nimmo, D., y Savage, R. (1976) *Candidates and Their Images: concepts, methods and findings.* California: Goodyear Publications.

Novo, A. (2014). Comunicación Política. En Lois, M., y Alonso, A. (Eds.), *Ciencia política con perspectiva de género*. Madrid: Ediciones Akal, 283-308.

Nye, J. (2011). *Las cualidades del líder*. Barcelona: Paidós.

Orejuela, S. (2009). Personalización política: la imagen del político como estrategia electoral. *Revista de comunicación, 8*, 60-83.

Pulido, M. A. S. (2014). Liderazgo y mujer. *DEDiCA Revista De Educação E Humanidades (dreh), 6*, 273–283.

Quevedo, R. (2021). El estilo retórico femenino en la entrevista política. Una década de aplicación en Telva. *Index. comunicación, 11*(1), 271-295.

Rebollo, M. Á. (1995). Características del lenguaje político: la designación. *Philologia Hispalensis, 10,* 7-22.

Robles, A. (2016). Liderazgo: el poder de la palabra. *El poder de la comunicación. Claves de la comunicación estratégica en los espacios jurídico y político*, 193-197.

Rodríguez-Zoya, L., y Rodríguez-Zoya, G. (2015). El doble vínculo entre representaciones sociales y comunicación social. *Palabra Clave, 18*(3), 905-937.

Roll, E. (2005). *Die Erste. Angela Merkels Weg zur Macht*. Reinbeck bei Hamburg: Rowohlt.

Schild, J. (2013). Politische Führungsansprüche auf schwindender Machtbasis: Frankreichs Europapolitik unter François Hollande. *Integration, 36*(1), 3–16.

Suárez, A. M. (2021). La retórica clásica hoy: en busca de la palabra perdida. *Universidad de La Habana, 297*.

Tajfel, H. (1981). *Human groups and social categories. Studies in social psychology*. Cambridge: Cambridge University Press.

Tömmel, I. (2013). The Presidents of the European Commission: Transactional or Transforming Leaders?. *JCMS: Journal of Common Market Studies, 51*(4), 789-805.

Tömmel, I., y Verdun, A. (2017). Political leadership in the European Union: an introduction. *Journal of European Integration, 39*(2), 103–112.

Van Esch, F. (2017). The Nature of the European Leadership Crisis and How to Solve It. *European Political Science, 16*(1), 34–47.

Vitale, M. (2014). Êthos femenino en los discursos de asunción de las primeras mujeres presidentes de América del Sur: Michelle Bachelet, Cristina Fernández de Kirchner y Dilma Rousseff. *Anclajes, 18*(1), 61-82.

Von der Leyen, U. (2019). *A Union that strives for more. My agenda for Europe. Political guidelines for the next European Commission 2019-2024*. Comisión Europea.

Von der Leyen, U. (2020). *Construyendo el mundo en el que queremos vivir: una Unión de vitalidad en un mundo de fragilidad*. Estado de la Unión 2020. Comisión Europea.

Von der Leyen, U. (2023). *Respondiendo a la llamada de la Historia*. Estado de la Unión 2023. Comisión Europea.

Westfall, A. (2013). The Consequences of Crisis: A Call for Coordinated Leadership.*German Studies Review, 36*(1), 140–2.

Wille, A. (2013). *The normalization of the European Commission: Politics and bureaucracy in the EU Executive*. Oxford: Oxford University Press.

Yu, B. (2014). Language and gender in congressional speech. *Literary and Linguistic Computing, 29*(1), 118-132.

Zalles, J. H. (2011). *Liderazgo: Un concepto en evolución*. Quito: Konrad Adenauer Stiftung.

Bibliografía consultada

Aceña, A., y Villanueva, M. (2018). La discriminación de género en el acceso a puestos directivos. *Gestión joven*, 18, 87-100.

Arcimavičienè, L. (2022). Political leadership and gender during the Covid-19 pandemic: on the populist features of metaphor use. *Journal of contemporary philology*, 5(2), 23-44.

Bellon, E. (2017). Liderazgos femeninos: tránsitos hacia la ética del cuidado en las relaciones de género. *Debate Feminista*, 54, 84-100.

Blázquez, B. (2015). Trabajar con perspectiva de género en la ciencia política: algunos apuntes sobre el caso de la universidad española. *Diálogos Possíveis*, 14(2).

Carrillo, L. (2009). Retórica: La efectividad comunicativa. *Revista Rhêtorikê, 2*(39), 39-66.

D'Adamo, O., García-Beaudoux, V., Ferrari, G., y Slavinsky, G. (2008). Mujeres candidatas: percepción pública del liderazgo femenino. *International Journal of Social Psychology*, 23(1), 91-104.

Drylie, L., Sánchez, S., y Galán, E. (2020). "European leaders unmasked: Covid-19 communication strategy through Twitter". *Profesional de la información*, 29(5), 1-15.

García, B. (2016). Semiocapitalismo y esquizofrenia. Una lectura de la teoría del "doble vínculo" (Gregory Bateson). *Comprendre: Revista catalana de filosofia*, 18(1), 71-93.

García, M., y Rivas, R. (2020). Estudio de la comunicación política en las elecciones al Parlamento Europeo de 2019: la campaña 'This time I'm voting' y el sistema de 'Spitzenkandidaten'. En *Comunicación y diversidad. Selección de comunicaciones del VII Congreso Internacional de la Asociación Española de Investigación de la Comunicación (AE-IC)*, 143-154.

García, V., Berrocal, S., D'Adamo, O., y Bruni, L. (2023). Estilos de liderazgo político femenino en Instagram durante la COVID-19. *Comunicar: Revista científica iberoamericana de comunicación y educación*, 75, 129-138.

Gibson, J., Ivancevich, J., y Donnelly, J. (1992). *Organizaciones. Comportamiento, estructura y procesos.* México: McGraw-Hill.

Justel, S., Martorell, C., García, B., y Castellano, P. (2023). Are they finally talking about European Politics? Analysis of the issues discussed by the parties in the 2019 EP election as signs of politicization. *Revista Española de Ciencia Política*, 63, 115-144.

Lenine, E., y Pereira, M. (2021). Paridad de género en las organizaciones internacionales: discurso vs. números. *Relaciones internacionales*, 48, 101-121.

Müller, H. (2016). Between potential, performance and prospect: Revisiting the political leadership of the EU Commission president. *Politics and Governance*, 4(2), 68-79.

Müller, H. (2018). Setting Europe's agenda: the Commission presidents and political leadership. *Political Leadership in the European Union.* Routledge, 27-40.

Navarro, B. (2021). El liderazgo en tiempos de pandemia: cambios y nuevas tendencias para el siglo XXI. *bie3: Boletín IEEE*, 21, 448-459.

Navarro, N., y Quevedo, R. (2020). El liderazgo político de la Unión Europea a través del ecosistema de aplicaciones móviles. *Prisma Social: revista de investigación social*, 30, 1-21.

Ramírez, G. (2011). La dimensión política de la retórica griega. *Rétor, 1*(1), 84-103.

Tasențe, T., Rus, M., y Opariuc, C. (2023). Análisis de la estrategia de comunicación online de los líderes políticos mundiales durante la guerra en Ucrania (24 de Febrero del 2022-23 de Enero del 2023). *Vivat Academia, 156*, 246-270.

Vieira, T. (2020). «The emperor wears no clothes!»: a *laclaudian* perspective on EUropopulism. *Audens: revista estudiantil d'anàlisi interdisciplinària, 3*.

Números Publicados
Serie Unión Europea y Relaciones Internacionales

Nº 1/2000 «La política monetaria única de la Unión Europea»
Rafael Pampillón Olmedo

Nº 2/2000 «Nacionalismo e integración»
Leonardo Caruana de las Cagigas y Eduardo González Calleja

Nº 1/2001 «Standard and Harmonize: Tax Arbitrage»
Nohemi Boal Velasco y Mariano González Sánchez

Nº 2/2001 «Alemania y la ampliación al este: convergencias y divergencias»
José María Beneyto Pérez

Nº 3/2001 «Towards a common European diplomacy? Analysis of the European Parliament resolution
on establishing a common diplomacy (A5-0210/2000)»
Belén Becerril Atienza y Gerardo Galeote Quecedo

Nº 4/2001 «La Política de Inmigración en la Unión Europea»
Patricia Argerey Vilar

Nº 1/2002 «ALCA: Adiós al modelo de integración europea?»
Mario Jaramillo Contreras

Nº 2/2002 «La crisis de Oriente Medio: Palestina»
Leonardo Caruana de las Cagigas

Nº 3/2002 «El establecimiento de una delimitación más precisa de las competencias entre la Unión Europea
y los Estados miembros»
José María Beneyto y Claus Giering

Nº 4/2002 «La sociedad anónima europea»
Manuel García Riestra

Nº 5/2002 «Jerarquía y tipología normativa, procesos legislativos y separación de poderes en la Unión Europea:
hacia un modelo más claro y transparente»
Alberto Gil Ibáñez

Nº 6/2002 «Análisis de situación y opciones respecto a la posición de las Regiones en el ámbito de la UE.
Especial atención al Comité de las Regiones»
Alberto Gil Ibáñez

Nº 7/2002 «Die Festlegung einer genaueren Abgrenzung der Kompetenzen zwischen der Europäischen Union
und den Mitgliedstaaten»
José María Beneyto y Claus Giering

Nº 1/2003 «Un español en Europa. Una aproximación a Juan Luis Vives»
José Peña González

Nº 2/2003 «El mercado del arte y los obstáculos fiscales ¿Una asignatura pendiente en la Unión Europea?»
Pablo Siegrist Ridruejo

Nº 1/2004 «Evolución en el ámbito del pensamiento de las relaciones España-Europa»
José Peña González

Nº 2/2004 «La sociedad europea: un régimen fragmentario con intención armonizadora»
Alfonso Martínez Echevarría y García de Dueñas

Nº 3/2004 «Tres operaciones PESD: Bosnia y Herzegovina, Macedonia y República Democrática de Congo»
Berta Carrión Ramírez

Nº 4/2004 «Turquía: El largo camino hacia Europa»
Delia Contreras

Nº 5/2004 «En el horizonte de la tutela judicial efectiva, el TJCE supera la interpretación restrictiva de la legitimación activa mediante el uso de la cuestión prejudicial y la excepción de ilegalidad»
Alfonso Rincón García Loygorri

Nº 1/2005 «The Biret cases: what effects do WTO dispute settlement rulings have in EU law?»
Adrian Emch

Nº 2/2005 «Las ofertas públicas de adquisición de títulos desde la perspectiva comunitaria en el marco de la creación de un espacio financiero integrado»
José María Beneyto y José Puente

Nº 3/2005 «Las regiones ultraperiféricas de la UE: evolución de las mismas como consecuencia de las políticas específicas aplicadas. Canarias como ejemplo»
Carlota González Láynez

Nº 24/2006 «El Imperio Otomano: ¿por tercera vez a las puertas de Viena?»
Alejandra Arana

Nº 25/2006 «Bioterrorismo: la amenaza latente»
Ignacio Ibáñez Ferrándiz

Nº 26/2006 «Inmigración y redefinición de la identidad europea»
Diego Acosta Arcarazo

Nº 27/2007 «Procesos de integración en Sudamérica. Un proyecto más ambicioso: la comunidad sudamericana de naciones»
Raquel Turienzo Carracedo

Nº 28/2007 «El poder del derecho en el orden internacional. Estudio crítico de la aplicación de la norma democrática por el Consejo de Seguridad y la Unión Europea»
Gaspar Atienza Becerril

Nº 29/2008 «Iraqi Kurdistan: Past, Present and Future. A look at the history, the contemporary situation and the future for the Kurdish parts of Iraq»
Egil Thorsås

Nº 30/2008 «Los desafíos de la creciente presencia de China en el continente africano»
Marisa Caroço Amaro

Nº 31/2009 «La cooperación al desarrollo: un traje a medida para cada contexto. Las prioridades para la promoción de la buena gobernanza en terceros países: la Unión Europea, los Estados Unidos y la Organización de las Naciones Unidas»
Anne Van Nistelroo

Nº 32/2009 «Desafíos y oportunidades en las relaciones entre la Unión Europea y Turquía»
Manuela Gambino

Nº 33/2010 «Las relaciones trasatlánticas tras la crisis financiera internacional: oportunidades para la Presidencia Española»
Román Escolano

Nº 34/2010 «Los derechos fundamentales en los tratados europeos. Evolución y situación actual»
Silvia Ortiz Herrera

Nº 35/2010 «La Unión Europea ante los retos de la democratización en Cuba»
Delia Contreras

Nº 36/2010 «La asociación estratégica UE-Brasil. Retórica y pragmatismo en las relaciones Euro-Brasileñas(Vol 1 y 2)»
Ana Isabel Rodríguez Iglesias

Nº 37/2011 «China's foreign policy: A European Perspective»
Fernando Delage y Gracia Abad

Nº 38/2011 «China's Priorities and Strategy in China-EU Relations»
Chen Zhimin, Dai Bingran, Zhongqi Pan and Ding Chun

Nº 39/2011 «Motor or Brake for European Policies? Germany's new role in the EU after the Lisbon-Judgment of its Federal Constitutional Court»
Ingolf Pernice

Nº 40/2011 «Back to Square One: the Past, Present and Future of the Simmenthal Mandate»
Siniša Rodin

Nº 41/2011 «Lisbon before the Courts: Comparative Perspectives»
Mattias Wendel

Nº 42/2011 «The Spanish Constitutional Court, European Law and the constitutional traditions common to the member states (Art. 6.3 TUE). Lisbon and beyond»
Antonio López-Pina

Nº 43/2011 «Women in the Islamic Republic of Iran: The Paradox of less Rights and more Opportunities»
Désirée Emilie Simonetti

Nº 44/2011 «China and the Global Political Economy»
Weiping Huang & Xinning Song

Nº 45/2011 «Multilateralism and Soft Diplomacy»
Juliet Lodge and Angela Carpenter

Nº 46/2011 «FDI and Business Networks: The EU-China Foreign Direct Investment Relationship»
Jeremy Clegg and Hinrich Voss

Nº 47/2011 «China within the emerging Asian multilateralism and regionalism. As perceived through a comparison with the European Neighborhood Policy»
Maria-Eugenia Bardaro & Frederik Ponjaert

Nº 48/2011 «Multilateralism and global governance»
Mario Telò

Nº 49/2011 «EU-China: Bilateral Trade Relations and Business Cooperation»
Enrique Fanjul

Nº 50/2011 «Political Dialogue in EU-China Relations»
José María Beneyto, Alicia Sorroza, Inmaculada Hurtado y Justo Corti

Nº 51/2011 «La Política Energética Exterior de la Unión Europea. Entre dependencia, seguridad de abastecimiento, mercado y geopolítica»
Marco Villa

Nº 52/2011 «Los Inicios del Servicio Europeo de Acción Exterior»
Macarena Esteban Guadalix

Nº 53/2011 «Holding Europe's CFSP/CSDP Executive to Account in the Age of the Lisbon Treaty»
Daniel Thym

Nº 54/2011 «El conflicto en el Ártico: ¿hacia un tratado internacional?»
Alberto Trillo Barca

Nº 55/2012 «Turkey's Accession to the European Union: Going Nowhere»
William Chislett

Nº 56/2012 «Las relaciones entre la Unión Europea y la Federación Rusa en materia de seguridad y defensa. Reflexiones al calor del nuevo concepto estratégico de la Alianza Atlántica»
Jesús Elguea Palacios

Nº 57/2012 «The Multiannual Financial Framework 2014-2020: A Preliminary analysis of the Spanish position»
Mario Kölling y Cristina Serrano Leal

Nº 58/2012 «Preserving Sovereignty, Delaying the Supranational Constitutional Moment? The CJEU as the Anti-Model for regional judiciaries»
Allan F. Tatham

Nº 59/2012 «La participación de las Comunidades Autónomas en el diseño y la negociación de la Política de Cohesión para el periodo 2014-2020»
Mario Kölling y Cristina Serrano Leal

Nº 60/2012 «El planteamiento de las asociaciones estratégicas: la respuesta europea ante los desafíos que presenta el Nuevo Orden Mundial»
Javier García Toni

Nº 61/2012 «La dimensión global del Constitucionalismo Multinivel. Una respuesta legal a los desafíos de la globalización»
Ingolf Pernice

Nº 62/2012 «EU External Relations: the Governance Mode of Foreign Policy»
Gráinne de Búrca

Nº 63/2012 «La propiedad intelectual en China: cambios y adaptaciones a los cánones internacionales»
Paula Tallón Queija

Nº 64/2012 «Contribuciones del presupuesto comunitario a la gobernanza global: claves desde Europa»
Cristina Serrano Leal

Nº 65/2013 «Las Relaciones Germano-Estadounidenses entre 1933 y 1945»
Pablo Guerrero García

Nº 66/2013 «El futuro de la agricultura europea ante los nuevos desafíos mundiales»
Marta Llorca Gomis, Raquel Antón Martín, Carmen Durán Vizán, Jaime del Olmo Morillo-Velarde

Nº 67/2013 «¿Cómo será la guerra en el futuro? La perspectiva norteamericana»
Salvador Sánchez Tapia

Nº 68/2013 «Políticas y Estrategias de Comunicación de la Comisión Europea: Actores y procesos desde que se aprueban hasta que la información llega a la ciudadanía española»
Marta Hernández Ruiz

Nº 69/2013 «El reglamento europeo de sucesiones. Tribunales competentes y ley aplicable. Excepciones al principio general de unidad de ley»
Silvia Ortiz Herrera

Nº 70/2013 «Private Sector Protagonism in U.S. Humanitarian Aid»
Sarah Elizabeth Capers

Nº 71/2014 «Integration of Turkish Minorities in Germany»
Iraia Eizmendi Alonso

Nº 72/2014 «La imagen de España en el exterior: La Marca España»
Marta Sabater Ramis

Nº 73/2014 «Aportaciones del Mercado Interior y la política de competencia europea: lecciones a considerar por otras áreas de integración regional»
Jerónimo Maillo

Nº 74/2015 «Las relaciones de la UE con sus socios meridionales a la luz de la Primavera Árabe»
Paloma Luengos Fernández

Nº 75/2015 «De Viena a Sarajevo: un estudio del equilibrio de poder en Europa entre 1815 y 1914»
Álvaro Silva Soto

Nº 76/2015 «El avance de la ultraderecha en la Unión Europea como consecuencia de la crisis: Una perspectiva del contexto político de Grecia y Francia según la teoría del «chivo expiatorio»»
Eduardo Torrecilla Giménez

Nº 77/2016 «La influencia de los factores culturales en la internacionalización de la empresa: El caso de España y Alemania»
Blanca Sánchez Goyenechea

Nº 78/2016 «La Cooperación Estructurada Permanente como instrumento para una defensa común»
Elena Martínez Padilla

Nº 79/2017 «The European refugee crisis and the EU-Turkey deal on migrants and refugees»
Guido Savasta

Nº 80/2017 «Brexit:How did the UK get here?»
Izabela Daleszak

Nº 81/2017 «Las ONGD españolas: necesidad de adaptación al nuevo contexto para sobrevivir»
Carmen Moreno Quintero

Nº 82/2017 «Los nuevos instrumentos y los objetivos de política económica en la UE:
efectos de la crisis sobre las desigualdades»
Miguel Moltó

Nº 83/2017 «Peace and Reconciliation Processes: The Northern Irish case and its lessons»
Carlos Johnston Sánchez

Nº 84/2018 «Cuba en el mundo: el papel de Estados Unidos, la Unión Europea y España»
Paula Foces Rubio

Nº 85/2018 «Environmental Protection Efforts and the Threat of Climate Change in the Arctic: Examined Through
International Perspectives Including the European Union and the United States of America»
Kristina Morris

Nº 86/2018 «La Unión Europea pide la palabra en la (nueva) escena internacional»
José Martín y Pérez de Nanclares

Nº 87/2019 «El impacto de la integración regional africana dentro del marco de asociación UE-ACP
y su implicación en las relaciones post Cotonú 2020»
Sandra Moreno Ayala

Nº 88/2019 «Lucha contra el narcotráfico: un análisis comparativo del Plan Colombia y la Iniciativa Mérida»
Blanca Paniego Gámez

Nº 89/2019 «Desinformación en la UE: ¿amenaza híbrida o fenómeno comunicativo?
Evolución de la estrategia de la UE desde 2015»
Elena Terán González

Nº 90/2019 «La influencia del caso Puigdemont en la cooperación judicial penal europea»
Pablo Rivera Rodríguez

Nº 91/2020 «Trumping Climate Change: National and International Commitments
to Climate Change in the Trump Era»
Olivia Scotti

Nº 92/2020 «El impacto social de la innovación tecnológica en Europa»
Ricardo Palomo-Zurdo, Virginia Rey-Paredes, Milagros Gutiérrez-Fernández, Yakira Fernández-Torres

Nº 93/2020 «El Reglamento sobre la privacidad y las comunicaciones electrónicas,
la asignatura pendiente del Mercado Único Digital»
Ana Gascón Marcén

Nº 94/2020 «Referencias al tratamiento constitucional de la Unión Europea en algunos Estados Miembros»
Rafael Ripoll Navarro

Nº 95/2020 «La identidad europea, ¿en crisis? Reflexiones entorno a los valores comunes en un entorno de cambio»
Irene Correas Sosa

Nº 96/2020 «La configuración de un sistema de partidos propiamente europeo»
Luis Rodrigo de Castro

Nº 97/2020 «El Banco Asiático de Inversión en Infraestructura. La participación de Europa y de España»
Amadeo Jensana Tanehashi

Nº 98/2020 «Nuevas perspectivas en las relaciones entre la Unión Europea y China»
Georgina Higueras

Nº 99/2020 «Inversiones Unión Europea-China: ¿hacia una nueva era?»
Jerónimo Maillo y Javier Porras

Nº 100/2020 «40 años de reforma: el papel de China en la comunidad internacional»
Enrique Fanjul

Nº 101/2020 «A climate for change in the European Union. The current crisis implications
for EU climate and energy policies»
Corina Popa

Nº 102/2020 «Aciertos y desafíos de la cooperación Sur-Sur. Estudio del caso de Cuba y Haití»
María Fernández Sánchez

Nº 103/2020 «El Derecho Internacional Humanitario después de la II Guerra Mundial»
Gonzalo del Cura Jiménez

Nº 104/2020 «Reframing the Response to Climate Refugees»
Alexander Grey Crutchfield

Nº 105/2021 «The Biden Condition: interpreting Treaty-Interpretation»
Jose M. de Areilza

Nº 106/2021 «¿Hacia la Corte Multilateral de Inversiones? El acuerdo de inversiones EU-China
y sus consecuencias para el arbitraje»
José María Beneyto Pérez

Nº 107/2021 «El acuerdo de partenariado economico UE-Japon. Implicaciones para España»
Amadeo Jensana Tanehashi

Nº 108/2021 «El acuerdo con Reino Unido. Implicaciones para España»
Allan Francis Tatham

Nº 109/2021 «El «Comprehensive Economic and Trade Agreement» (CETA) con Canadá.
Implicaciones para España»
Cristina Serrano Leal

Nº 110/2021 «Acuerdos comerciales UE de «Nueva Generación»: origen, rasgos y valoración»
Jerónimo Maillo

Nº 111/2021 «Europa en el mundo»
Emilio Lamo de Espinosa

Nº 112/2021 «A geostrategic rivalry: the Sino-Indian border dispute»
Eva María Pérez Vidal

Nº 113/2021 «The EU-China Digital Agenda and Connectivity»
Meri Beridze

Nº 114/2021 «Las mujeres en los conflictos y postconflictos armados: la Resolución 1325 de la ONU y su vigencia hoy»
Guadalupe Cavero Martínez

Nº 115/2021 «Tesla: estrategias de internacionalización y acceso al mercado en Brasil»
Carmen Salvo González

Nº 116/2022   «Player or board game? In Search of Europe's Strategic Autonomy: The Need of a Common Digital Strategy of the European Union towards the People's Republic of China»
Loreto Machés Blázquez

Nº 117/2022   «La posición de la Unión Europea en el conflicto del Sáhara Occidental ¿Terminan los principios donde empiezan los intereses?»
Elena Ruiz Giménez

Nº 118/2022   «La defensa de los valores de la Unión Europea: La condicionalidad de los Fondos Europeos al estado de derecho»
Alicia Arjona Hernández

Nº 119/2022   «Medidas restrictivas en la Unión Europea: el nuevo régimen de sanciones contra las violaciones y abusos graves de los derechos humanos en el contexto internacional»
Celia Fernández Castañeda

Nº 120/2022   «La relación hispano-británica en materia de seguridad y defensa después del Brexit»
Salvador Sánchez Tapia

Nº 121/2022   «Oportunidades para la cooperación bilateral en la cultura, la educación y la investigación: Piedras angulares en las relaciones hispano-británicas después de Brexit»
Allan F. Tatham

Nº 122/2022   «*Building bridges*: cómo paliar los efectos del Brexit sobre los intercambios económicos bilaterales de España con el Reino Unido»
Álvaro Anchuelo Crego

Nº 123/2022   «Mobility issues for UK and Spanish nationals post Brexit»
Catherine Barnard

Nº 124/2022   «Derechos humanos y debida diligencia en las cadenas globales de suministro»
Enrique Fanjul

Nº 125/2022   «Sostenibilidad y Derecho Internacional de las inversiones: claves prácticas para Estados y empresas transnacionales»
Francisco Pascual-Vives y Alberto Jiménez-Piernas García

Nº 126/2022   «Derechos humanos y empresas, una agenda internacional en evolución»
Sandra Galimberti Díaz-Faes

Nº 127/2022   «El futuro de la Unión: una integración circunspecta»
Pablo García-Berdoy

Nº 128/2022   «El régimen internacional de no proliferación nuclear: ¿refundación o revisión crítica?»
Ignacio Cartagena Núñez

Nº 129/2022   «The Islamic State and Cultural Heritage: A two-track weaponization»
María Gómez Landaburu

Nº 130/2022   «La política de abastecimiento energético de la Unión Europea: Dependencia y vulnerabilidad ante la invasión rusa a Ucrania»
Raúl Carrasco Contero

Nº 131/2022   «El idioma español: situación actual y mirada al futuro. Un cambio de modelo»
José Olábarri Azagra

Nº 132/2022   «Rule of law conditionality mechanism: analysis of actors' interests»
Carolina de Amuriza Chicharro

Nº 133/2022   «*Due diligence* y cambio climatico»
Lorena Sales Pallares y María Chiara Marullo

Nº 134/2023   «Debida diligencia corporativa en materia de derechos humanos y sostenibilidad:
¿riesgos u oportunidades?»
Francisco Pascual-Vives y Alberto Jiménez-Piernas García

Nº 135/2023   «Debida Diligencia en Derechos Humanos: en camino hacia la legalización»
Sandra Galimberti Díaz-Faes

Nº 136/2023   «Obligaciones de Debida Diligencia en cuestiones de sostenibilidad en el marco
de la Unión Europea: la perspectiva empresarial»
Enrique Fanjul

Nº 137/2023   «La Conferencia sobre el Futuro de Europa .Hacia una reforma de los Tratados?»
Inés Méndez de Vigo Pérez de Herrasti

Nº 138/2023   «The Assertiveness of the European Commission in the Enforcement of Fundamental Values:
The impact of the Russia-Ukraine War»
Andreína V. Hernández Ross

Nº 139/2023   «Transparencia y acceso a los documentos de las instituciones de la Union Europea durante
Procedimiento Legislativo Ordinario. Tratamiento por parte del Parlamento Europeo»
María García de Quevedo Ortiz

Nº 140/2023   «How China is Winning the "GO" Game in the Indian Ocean Region: An Analysis of Sri Lanka's
Policy Framing»
Carmen Rodríguez Escalada

Nº 141/2023   «La Orden Europea de Detención y Entrega como cristalización del progreso de la cooperación
judicial penal en Europa: el caso Puigdemont»
Ignacio Garcia Prieto

Nº 142/2024   «La cooperación tecnológica entre España y Corea del Sur»
Laia Anglada Porta

Nº 143/2024   «RT / Sputnik como herramientas de propagación de desinformación de la política exterior rusa»
Lorena Méndez Vázquez

Nº 144/2024   «Política de ampliación: la reunificación pacífica de Europa de los padres fundadores»
Francisco Aldecoa Luzárraga

Nº 145/2024   «Ampliación: un elemento geoestratégico en el contexto de la guerra de Ucrania»
Elisa Uría

Nº 146/2024   «Retos de la futura ampliación para el funcionamiento de la Unión Europea»
M. Mercedes Guinea Llorente

Nº 147/2025   «Democratization or Coexistence? Inside Africa's Last Colony»
Alejandro Trujillo Suárez

Nº 148/2025   «The political and international stakes of major sporting competitions – Is sport a source of diplomacy
and how can it impact the relations between states?»
Adèle Namias

Nº 149/2025 «Evolución de la Política Exterior y de Seguridad Común de la Unión Europea.
Estudio del cambio a mayoría cualificada en el sistema de votación»
Lorena Pérez Hernández

Nº 150/2025 «Efectividad de las recomendaciones del informe sobre el Estado de Derecho de la Comisión
Europea. Comparación de casos: Bélgica y Bulgaria»
Gonzalo Vilariño Alaminos

Serie Política de la Competencia y Regulación

Nº 1/2001   «El control de concentraciones en España: un nuevo marco legislativo para las empresas»
José María Beneyto

Nº 2/2001   «Análisis de los efectos económicos y sobre la competencia de la concentración Endesa-Iberdrola»
Luis Atienza, Javier de Quinto y Richard Watt

Nº 3/2001   «Empresas en Participación concentrativas y artículo 81 del Tratado CE: Dos años de aplicación
del artículo 2(4) del Reglamento CE de control de las operaciones de concentración»
Jerónimo Maíllo González-Orús

Nº 1/2002   «Cinco años de aplicación de la Comunicación de 1996 relativa a la no imposición de multas
o a la reducción de su importe en los asuntos relacionados con los acuerdos entre empresas»
Miguel Ángel Peña Castellot

Nº 1/2002   «Leniency: la política de exoneración del pago de multas en derecho de la competencia»
Santiago Illundaín Fontoya

Nº 3/2002   «Dominancia vs. disminución sustancial de la competencia ¿cuál es el criterio más apropiado?:
aspectos jurídicos»
Mercedes García Pérez

Nº 4/2002   «Test de dominancia vs. test de reducción de la competencia: aspectos económicos»
Juan Briones Alonso

Nº 5/2002   «Telecomunicaciones en España: situación actual y perspectivas»
Bernardo Pérez de León Ponce

Nº 6/2002   «El nuevo marco regulatorio europeo de las telecomunicaciones»
Jerónimo González González y Beatriz Sanz Fernández-Vega

Nº 1/2003   «Some Simple Graphical Interpretations of the Herfindahl-Hirshman Index and their Implications»
Richard Watt y Javier De Quinto

Nº 2/2003   «La Acción de Oro o las privatizaciones en un Mercado Único»
Pablo Siegrist Ridruejo, Jesús Lavalle Merchán y Emilia Gargallo González

Nº 3/2003   «El control comunitario de concentraciones de empresas y la invocación de intereses nacionales.
Crítica del artículo 21.3 del Reglamento 4064/89»
Pablo Berenguer O´Shea y Vanessa Pérez Lamas

Nº 1/2004   «Los puntos de conexión en la Ley 1/2002 de 21 de febrero de coordinación de las competencias
del Estado y las Comunidades Autónomas en materia de defensa de la competencia»
Lucana Estévez Mendoza

Nº 2/2004   «Los impuestos autonómicos sobre los grandes establecimientos comerciales
como ayuda de Estado ilícita ex art. 87 TCE»
Francisco Marcos

Nº 1/2005   «Servicios de Interés General y Artículo 86 del Tratado CE: Una Visión Evolutiva»
Jerónimo Maillo González-Orús

Nº 2/2005   «La evaluación de los registros de morosos por el Tribunal de Defensa de la Competencia»
Alfonso Rincón García Loygorri

Nº 3/2005   «El código de conducta en materia de fiscalidad de las empresas y su relación con el régimen
              comunitario de ayudas de Estado»
              Alfonso Lamadrid de Pablo

Nº 18/2006   «Régimen sancionador y clemencia: comentarios al título quinto del anteproyecto
              de la ley de defensa de la competencia»
              Miguel Ángel Peña Castellot

Nº 19/2006   «Un nuevo marco institucional en la defensa de la competencia en España»
              Carlos Padrós Reig

Nº 20/2006   «Las ayudas públicas y la actividad normativa de los poderes públicos en el anteproyecto de ley
              de defensa de la competencia de 2006»
              Juan Arpio Santacruz

Nº 21/2006   «La intervención del Gobierno en el control de concentraciones económicas»
              Albert Sánchez Graells

Nº 22/2006   «La descentralización administrativa de la aplicación del Derecho de la competencia en España»
              José Antonio Rodríguez Miguez

Nº 23/2007   «Aplicación por los jueces nacionales de la legislación en materia de competencia
              en el Proyecto de Ley»
              Juan Manuel Fernández López

Nº 24/2007   «El tratamiento de las restricciones públicas a la competencia»
              Francisco Marcos Fernández

Nº 25/2008   «Merger Control in the Pharmaceutical Sector and the Innovation Market Assessment. European
              Analysis in Practice and differences with the American Approach»
              Teresa Lorca Morales

Nº 26/2008   «Separación de actividades en el sector eléctrico»
              Joaquín Mª Nebreda Pérez

Nº 27/2008   «Arbitraje y defensa de la competencia»
              Antonio Creus Carreras y Josep Maria Juliá Insenser

Nº 28/2008   «El procedimiento de control de concentraciones y la supervisión por organismos reguladores
              de las Ofertas Públicas de Adquisición»
              Francisco Marcos Fernández

Nº 29/2009   «Intervención pública en momentos de crisis: el derecho de ayudas de Estado aplicado
              a la intervención pública directa en las empresas»
              Pedro Callol y Jorge Manzarbeitia

Nº 30/2010   «Understanding China's Competition Law & Policy: Merger Control as a Case Study»
              Jeronimo Maillo

Nº 31/2012   «Autoridades autonómicas de defensa de la competencia en vías de extinción»
              Francisco Marcos

Nº 32/2013   «¿Qué es un cártel para la CNC?»
              Alfonso Rincón García-Loygorri

Nº 33/2013   «Tipología de cárteles duros. Un estudio de los casos resueltos por la CNC»
              Justo Corti Varela

Nº 34/2013 «Autoridades responsables de la lucha contra los cárteles en España y la Unión Europea»
José Antonio Rodríguez Miguez

Nº 35/2013 «Una revisión de la literatura económica sobre el funcionamiento interno de los cárteles
y sus efectos económicos»
María Jesús Arroyo Fernández y Begoña Blasco Torrejón

Nº 36/2013 «Poderes de Investigación de la Comisión Nacional de la Competencia»
Alberto Escudero

Nº 37/2013 «Screening de la autoridad de competencia: mejores prácticas internacionales»
María Jesús Arroyo Fernández y Begoña Blasco Torrejón

Nº 38/2013 «Objetividad, predictibilidad y determinación normativa. Los poderes normativos *ad extra*
de las autoridades de defensa de la competencia en el control de los cárteles»
Carlos Padrós Reig

Nº 39/2013 «La revisión jurisdiccional de los expedientes sancionadores de cárteles»
Fernando Díez Estella

Nº 40/2013 «Programas de recompensas para luchar contra los cárteles en Europa:
una comparativa con terceros países»
Jerónimo Maíllo González-Orús

Nº 41/2014 «La Criminalización de los Cárteles en la Unión Europea»
Amparo Lozano Maneiro

Nº 42/2014 «Posibilidad de sancionar penalmente los cárteles en España, tanto en el presente
como en el futuro»
Álvaro Mendo Estrella

Nº 43/2014 «La criminalización de los hardcore cartels: reflexiones a partir de la experiencia
de EE. UU. y Reino Unido»
María Gutiérrez Rodríguez

Nº 44/2014 «La escasez de acciones de daños y perjuicios derivadas de ilícitos antitrust en España, ¿Por qué?»
Fernando Díez Estella

Nº 45/2014 «Cuantificación de daños de los cárteles duros. Una visión económica»
Rodolfo Ramos Melero

Nº 46/2014 «El procedimiento sancionador en materia de cárteles»
Alfonso Lamadrid de Pablo y José Luis Buendía Sierra

Nº 47/2014 «Japanese Cartel Control in Transition»
Mel Marquis and Tadashi Shiraishi

Nº 48/2015 «Una evaluación económica de la revisión judicial de las sanciones impuestas por la CNMC
por infracciones anticompetitivas»
Javier García-Verdugo

Nº 49/2015 «The role of tax incentives on the energy sector under the Climate Change's challenges
Pasquale Pistone»
Iñaki Bilbao

Nº 50/2015   «Energy taxation and key legal concepts in the EU State aid context:
looking for a common understanding»
Marta Villar Ezcurra and Pernille Wegener Jessen

Nº 51/2015   «Energy taxation and key legal concepts in the EU State aid context:
looking for a common understanding Energy Tax Incentives and the GBER regime»
Joachim English

Nº 52/2016   «The Role of the Polluter Pays Principle and others Key Legal Principles in Energy Taxes,
on an State aid Context»
José A. Rozas

Nº 53/2016   «EU Energy Taxation System & State Aid Control Critical Analysis from Competitiveness
and Environmental Protection Objectives»
Jerónimo Maillo, Edoardo Traversa, Justo Corti and Alice Pirlot

Nº 54/2016   «Energy Taxation and State Aids: Analysis of Comparative Law»
Marta Villar Ezcurra and Janet Milne

Nº 55/2016   «Case-Law on the Control of Energy Taxes and Tax Reliefs under European Union Law»
Álvaro del Blanco, Lorenzo del Federico, Cristina García Herrera, Concetta Ricci, Caterina
Verrigni and Silvia Giorgi

Nº 56/2017   «El modelo de negocio de Uber y el sector del transporte urbano de viajeros:
implicaciones en materia de competencia»
Ana Goizueta Zubimendi

Nº 57/2017   «EU Cartel Settlement procedure: an assessment of its results 10 years later»
Jerónimo Maillo

Nº 58/2019   «Quo Vadis Global Governance? Assessing China and EU Relations
in the New Global Economic Order»
Julia Kreienkamp and Dr Tom Pegram

Nº 59/2019   «From Source-oriented to Residence-oriented:
China's International Tax Law Reshaped by BRI?»
Jie Wang

Nº 60/2020   «The EU-China trade partnership from a European tax perspective»
Elena Masseglia Miszczyszyn, Marie Lamensch, Edoardo Traversa y Marta Villar Ezcurra

Nº 61/2020   «A Study on China's Measures for the Decoupling of the Economic Growth
and the Carbon Emission»
Rao Lei, Gao Min

Nº 62/2020   «The global climate governance: a comparative study between the EU and China»
Cao Hui

Nº 63/2020   «The evolvement of China-EU cooperation on climate change and its new opportunities
under the European Green Deal»
Zhang Min and Gong Jialuo

Nº 64/2024   «The new EU Foreign Subsidies Regulation»
Luigi Gaetano Pezzotti Picoli

N° 65/2024   «Artificial Intelligence and European Competition Law
(Inteligencia Artificial y Derecho Europeo de la Competencia)»
Claudia del Olmo Van Woerkom

N° 66/2025   «La evolución de los mercados de electricidad y el papel de los consumidores con un enfoque en la
respuesta de la demanda»
Yusuf Ercan Özercan